アルゴリズムドリル

JN070000

まえがき

近年，若い頃からのプログラミング学習の重要性をあげる声をよく耳にします。わが国では，IT 人材が大幅に不足しているともいわれています。プログラミングには，コンピュータ独特の考え方が多く登場することから，苦手意識をもつ人も多いようです。

本書は，身近な例をあげながらプログラミングの基礎となる流れ図（フローチャート）を学習できるようにまとめた，書き込み式のドリル教材です。最初は日常生活の題材から始まっており，プログラミング的な思考は日々無意識にふれているものであることがわかります。そこから徐々に細かな内容に入っていきますが，この本を手に取られた人は初めて学習する場合が多いと思いますので，繰り返し考えながら理解していってください。

ぜひ，本書で考え方を学習して興味をもち，本格的なプログラミング学習につなげてもらえたら幸いです。

もくじ

1 アルゴリズムと順序

例題 1 カレーの作り方

次の行動を，カレーが上手に作れる順番に並べ替えなさい。

- 鍋にルウを入れる
- 鍋で具材を炒める
- 鍋に水を入れる
- 野菜を切る
- 具材を煮込む

解答

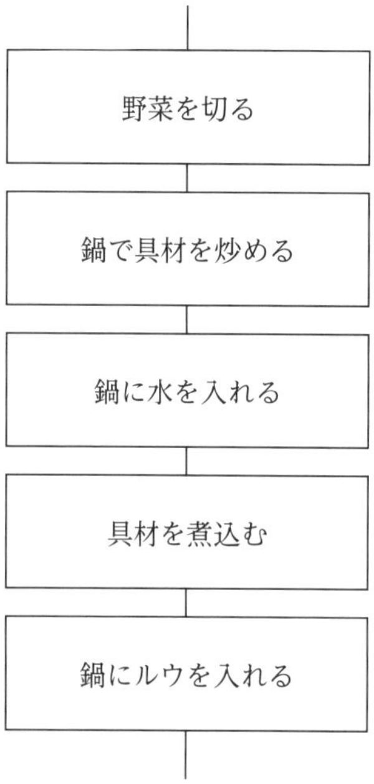

野菜を切る
鍋で具材を炒める
鍋に水を入れる
具材を煮込む
鍋にルウを入れる

大まかにカレーの作り方を手順にすると上記のような感じとなります。もし，順番が入れ替わってしまうと上手に作れないでしょう。

このように，情報処理の世界では，仕事の処理手順を**流れ図（フローチャート）**で示します。この処理手順のことを**アルゴリズム**といいます。

問題 1 次の行動を，カレーをおいしく食べられる順番に並べ替え，空欄に記入しなさい。

- 鍋に水を入れる
- 盛り付けて食べる
- さらに煮込む
- 野菜を切る
- 具材を煮込む
- 包丁と鍋を準備する
- 鍋で具材を炒める
- 鍋にルウを入れる

解答

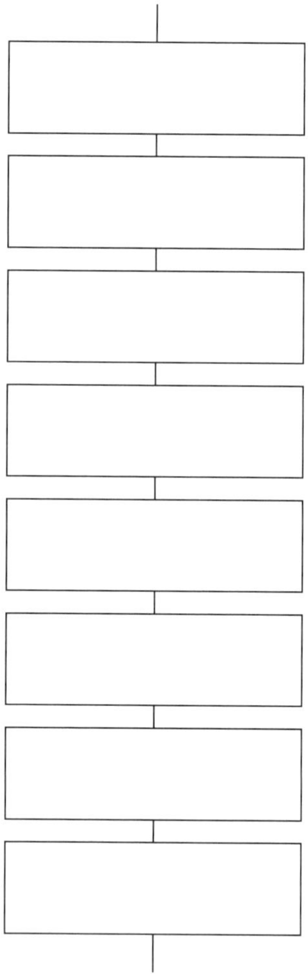

ポイント！ カレーの作り方がわからない人は，家の人や家庭科の先生に聞いてみましょう。

2 流れ図記号とルール

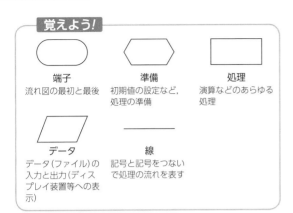

覚えよう!

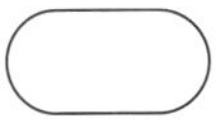

端子
流れ図の最初と最後

準備
初期値の設定など，処理の準備

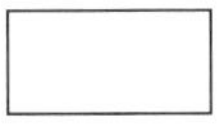

処理
演算などのあらゆる処理

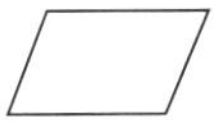

データ
データ(ファイル)の入力と出力(ディスプレイ装置等への表示)

線
記号と記号をつないで処理の流れを表す

例題 2 流れ図記号のルール

問題 1 を，流れ図記号を用いて表現しなさい。

解答

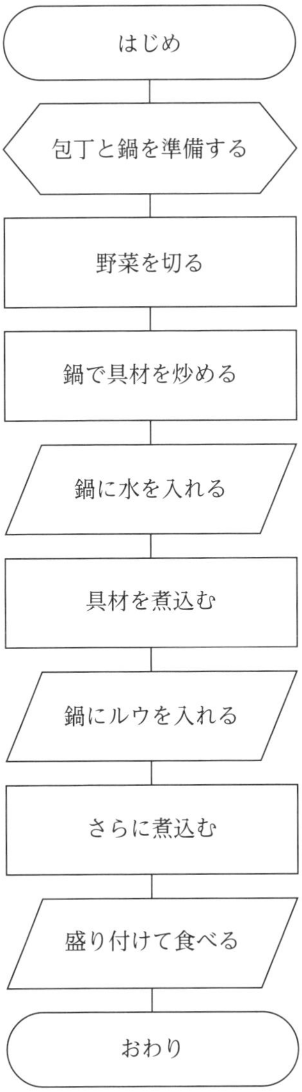
はじめ
包丁と鍋を準備する
野菜を切る
鍋で具材を炒める
鍋に水を入れる
具材を煮込む
鍋にルウを入れる
さらに煮込む
盛り付けて食べる
おわり

左記は一例です。“包丁と鍋を準備する”は**準備記号**で，“鍋に水を入れる”や“鍋にルウを入れる”は新たに材料を投入するため**(入力)データ記号**で，“盛り付けて食べる”は完成したカレーを提供するため**(出力)データ記号**で，その他は**処理記号**で表しました。

最初と最後に“はじめ”と“おわり”をつけて完成です。

問題 2 買い物をするときの行動を正しい順番に並べ替え，端子記号以外の空欄に記入しなさい。ただし，端子記号には適切な語句を記入しなさい。

- 商品をかごに入れる
- 代金を支払う
- レジに並ぶ
- 買い物かごを準備する
- 商品を受け取る

解答

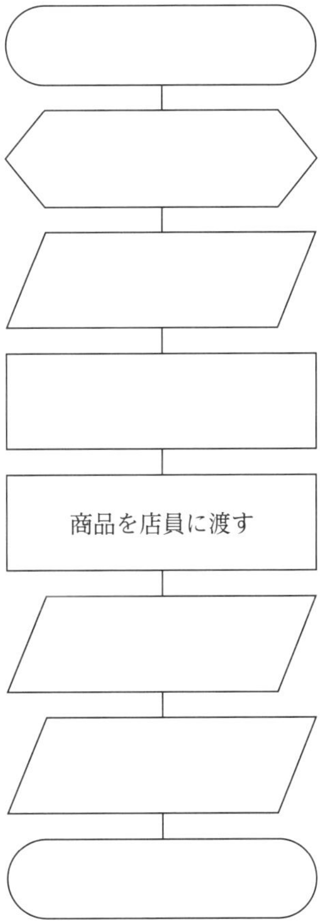
商品を店員に渡す

ポイント! このように，日常生活でもアルゴリズムは活用されています。

3 条件判定による繰り返し

覚えよう!

ループ始端
ループ(繰り返し)処理の始まり

ループ終端
ループ(繰り返し)処理の終わり

例題 3 条件判定による繰り返し

横断歩道を渡るときのルールを正しい順番に並べ替え，記入しなさい。ただし，同じものを２回選んでもよい。

・横断歩道を渡る　・左右を確認する
・横断歩道の前で止まる　・待つ
・信号機が赤の間　・信号機を見る

解答

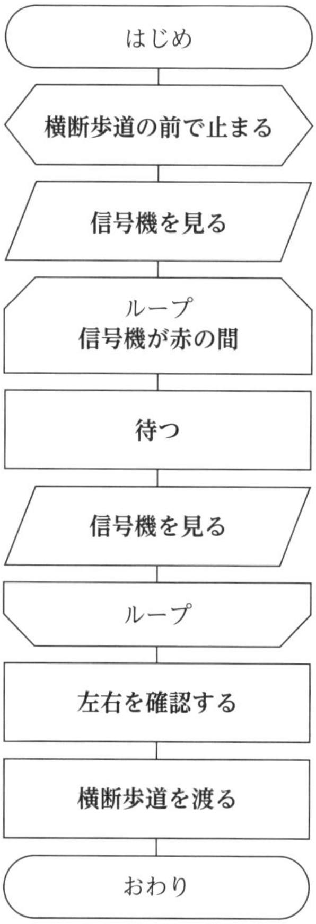
はじめ
横断歩道の前で止まる
信号機を見る
ループ
信号機が赤の間
待つ
信号機を見る
ループ
左右を確認する
横断歩道を渡る
おわり

ループ(繰り返し)は，何回も同じ処理をするときに使用します。ループを使わないと何度も同じ処理を記述しなければなりませんが，これですっきりとした，無駄のないフローチャートを作ることができます。

問題 3　踏切を渡るときのルールを正しい順番に並べ替え，記入しなさい。ただし，同じものを２回選んでもよい。

・踏切を渡る　・左右を確認する
・踏切の前で止まる　・待つ
・警報機が鳴っている間　・警報機を見る

解答

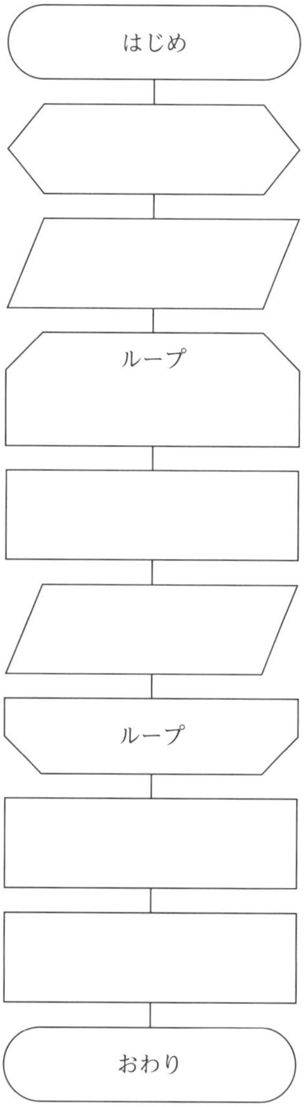
はじめ
ループ
ループ
おわり

ポイント!　ここまでは日常生活のアルゴリズムを見てきましたが，次ページからはよりコンピュータに近い内容でアルゴリズムを学習しましょう。

4 回数判定による繰り返し

例題 4-1 回数判定による繰り返し 1

1から5までの数値を，順番に画面に表示するために，正しい順番に並べ替え，記入しなさい。

・0→値　　　　・値＜5の間
・値＋1→値　　・値を画面に表示

解答

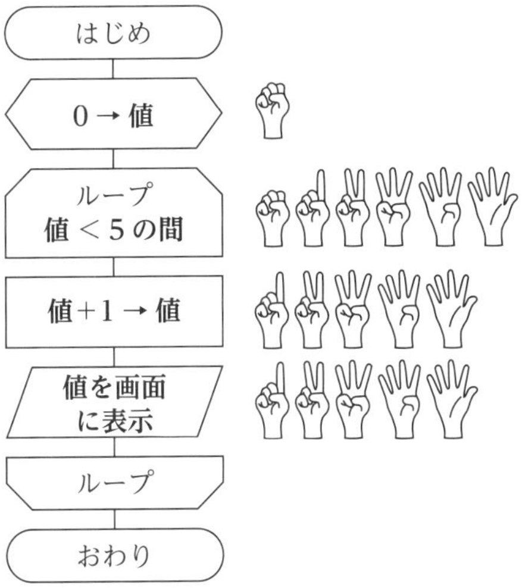
はじめ
0→値
ループ
値＜5の間
値+1→値
値を画面
に表示
ループ
おわり

例題 4-2 回数判定による繰り返し 2

1から5までの数値を，順番に画面に表示するために，正しい順番に並べ替え，記入しなさい。

・1→値　　　　・値≦5 の間
・値＋1→値　　・値を画面に表示

解答

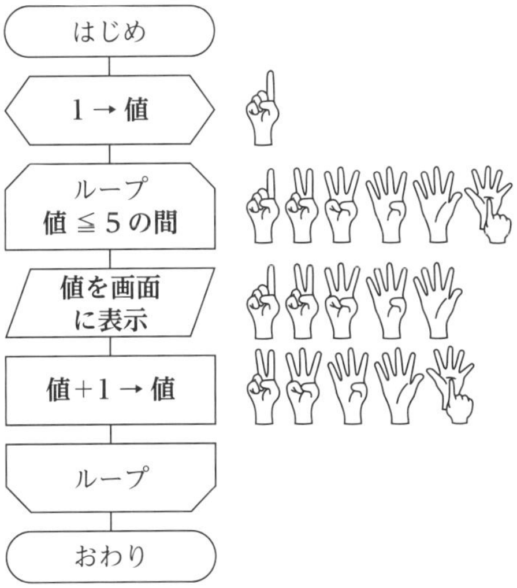
はじめ
1→値
ループ
値≦5の間
値を画面
に表示
値+1→値
ループ
おわり

“値＋1→値”とは，値に1を足すことです。例題4-1と4-2では，始めの値の中身に0を準備するか1を準備するかによる違いで，処理が変わってきます。

問題 4-1 1から100までの数値を，順番に画面に表示するために，正しい順番に並べ替え，記入しなさい。ただし，使用しない選択肢もある。

・1→値　　　　　・値＋1→値
・値≦100の間　　・値を画面に表示
・値＜100の間

解答

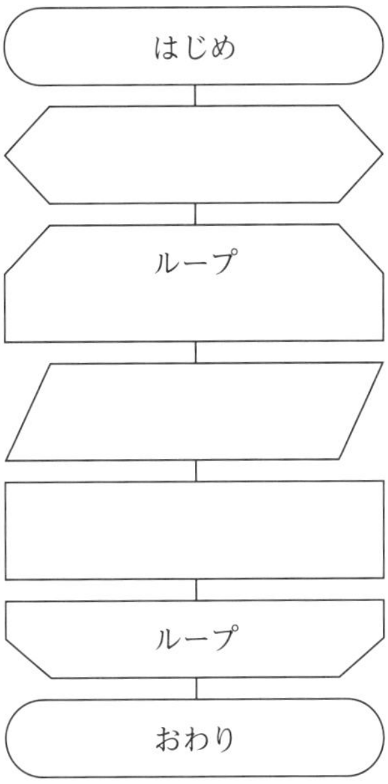
はじめ
ループ
ループ
おわり

問題 4-2 1から100までの数値を，順番に画面に表示するために，正しい順番に並べ替え，記入しなさい。

・値を画面に表示
・値は1から1ずつ増やして 値≦100 の間

解答

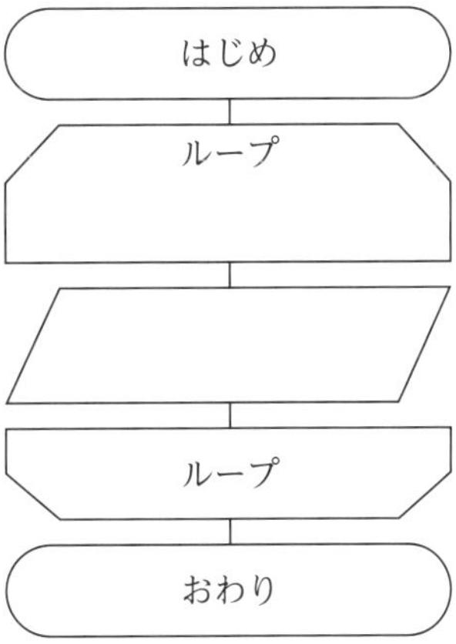
はじめ
ループ
ループ
おわり

5 データの集計

覚えよう!

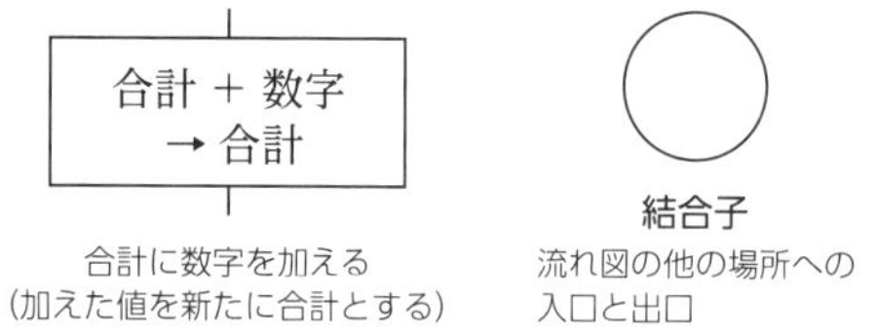

合計 + 数字
→ 合計
合計に数字を加える
(加えた値を新たに合計とする)
結合子
流れ図の他の場所への
入口と出口

例題 5　データの集計

以下の数字の合計を計算するために，正しい順番に並べ替え，記入しなさい。

入力データ	実行結果
17	(合計) 75
24	
34	

・合計 + 数字 → 合計　・合計を表示する
・数字がある間　・0 → 合計
・数字を読む

解答

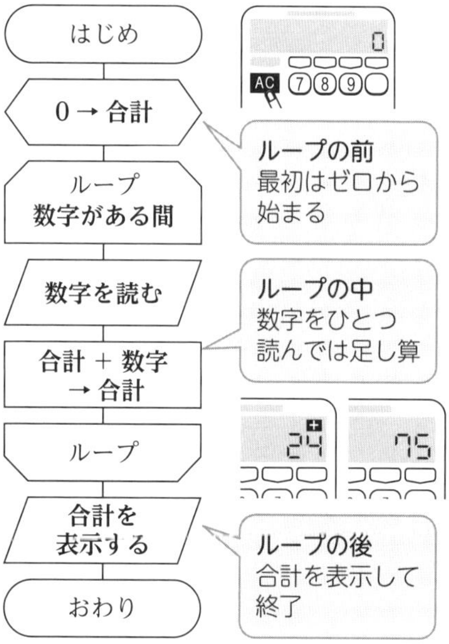

はじめ
0 → 合計
ループ
数字がある間
数字を読む
合計 + 数字
→ 合計
ループ
合計を
表示する
おわり
ループの前
最初はゼロから
始まる
ループの中
数字をひとつ
読んでは足し算
ループの後
合計を表示して
終了
0
AC
7
8
9
24
75

ここからの処理は，ループの前・ループの中・ループの後の，３分割で考えましょう。ループの前は，最初に１度だけ行いたい処理を記述します。ループの中は，何度も行う処理を記述します。ループの後は，最後に１度だけ行いたい処理を記述すれば完成です。

ちょうど，そろばんや電卓で見取算(複数の数字を合計する計算)を行っているのと同じ動きです。

問題 5-1 定期試験５教科の合計得点を計算するために，正しい順番に並べ替え，記入しなさい。

入力データ		実行結果	
(教科)	(得点)	(合計)	345
国語	68		
数学	73		
社会	81		
理科	64		
英語	59		

・データを読む
・データがある間
・合計を表示する
・0 → 合計
・合計 + 得点 → 合計

解答

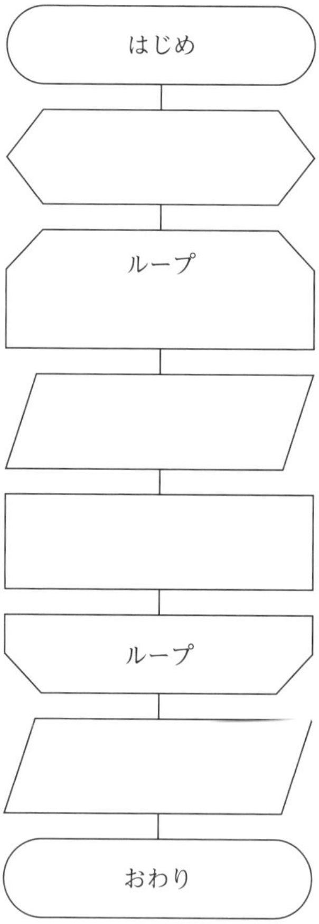

はじめ
ループ
ループ
おわり

ポイント! 例題の解説にあるような基本形を覚えてしまえば，あとは状況に合わせて処理を選んだり加えるだけです。

問題 5-2 各組の男女人数から，学年全体の男女合計を計算するために，正しい順番に並べ替え，記入しなさい。

入力データ

(組)	(男子)	(女子)
1組	13	24
2組	13	24
3組	12	24
4組	9	29
5組	8	30
6組	13	22
7組	13	23

実行結果

(男子合計)	81
(女子合計)	176

・男子合計を表示する
・データを読む
・0 → 男子合計
・女子合計 + 女子 → 女子合計
・データがある間
・女子合計を表示する

解答

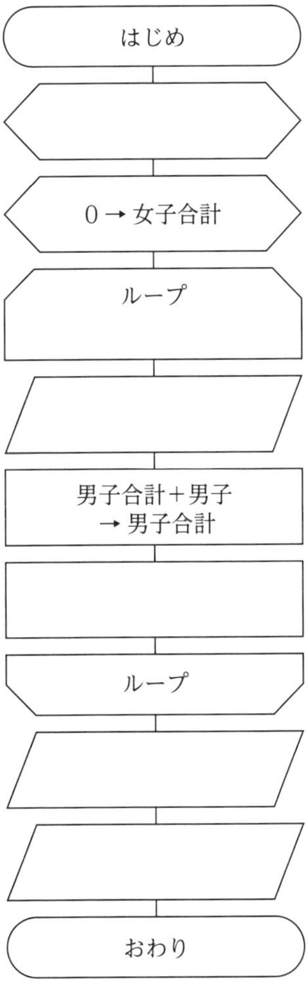

はじめ
0 → 女子合計
ループ
男子合計＋男子
→ 男子合計
ループ
おわり

問題 5-3 各組の男女人数から，各組の人数および学年全体の男女合計と学年合計を計算するために，正しい順番に並べ替え，記入しなさい。

入力データ

(組)	(男子)	(女子)
1組	13	24
2組	13	24
3組	12	24
4組	9	29
5組	8	30
6組	13	22
7組	13	23

実行結果

(1組人数)	37
(2組人数)	37
(3組人数)	36
(4組人数)	38
(5組人数)	38
(6組人数)	35
(7組人数)	36
(男子合計)	81
(女子合計)	176
(学年合計)	257

・男子合計 + 男子 → 男子合計
・学年合計を表示する　　・0 → 女子合計
・女子合計を表示する　　・男子 + 女子 → 人数
・男子合計を表示する
・男子合計 + 女子合計 → 学年合計

解答

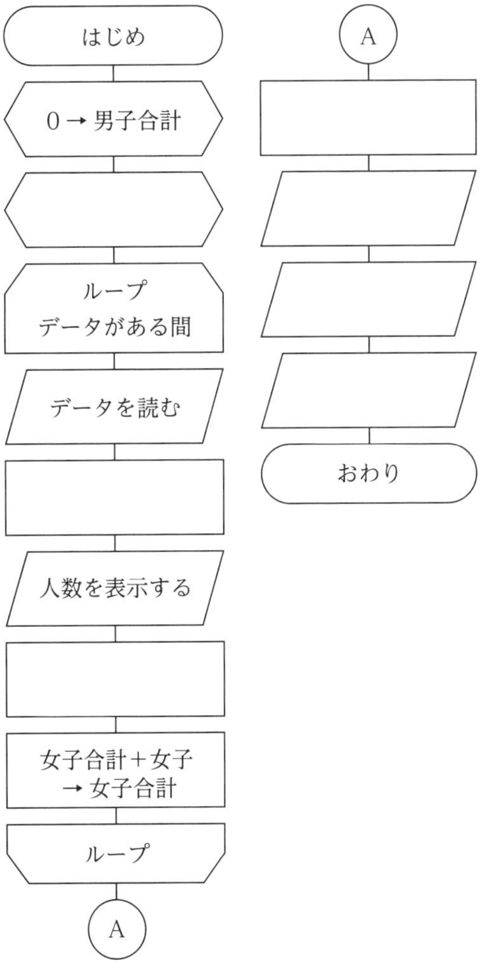

はじめ
0 → 男子合計
ループ
データがある間
データを読む
人数を表示する
女子合計＋女子
→ 女子合計
ループ
A
A
おわり

6 件数カウントと平均

覚えよう!

件数 ＋ 1 → 件数	合計 ÷ 件数 → 平均
件数に 1 を加える	平均を求める

例題 6　**件数カウントと平均**

以下の数字の合計，件数，平均を計算するために，正しい順番に並べ替え，記入しなさい。

入力データ	実行結果
17	（合計）75　（件数）3
24	（平均）25
34	

- ・0 → 件数
- ・合計 ÷ 件数 → 平均
- ・件数 ＋ 1 → 件数
- ・平均を表示する
- ・合計，件数を表示する

解答

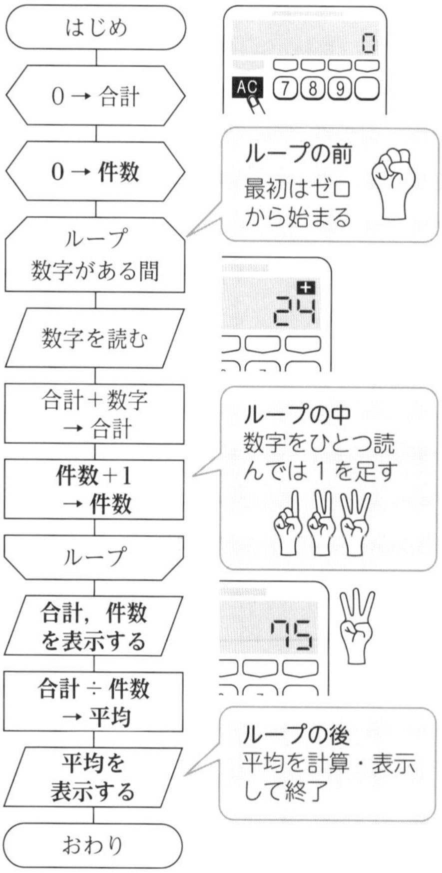

問題 6-1 定期試験の教科数を計算するために，正しい順番に並べ替え，記入しなさい。

入力データ		実行結果
（教科）	（得点）	（教科数） 5
国語	68	
数学	73	
社会	81	
理科	64	
英語	59	

- ・データを読む
- ・データがある間
- ・教科数を表示する
- ・0 → 教科数
- ・教科数 ＋ 1 → 教科数

解答

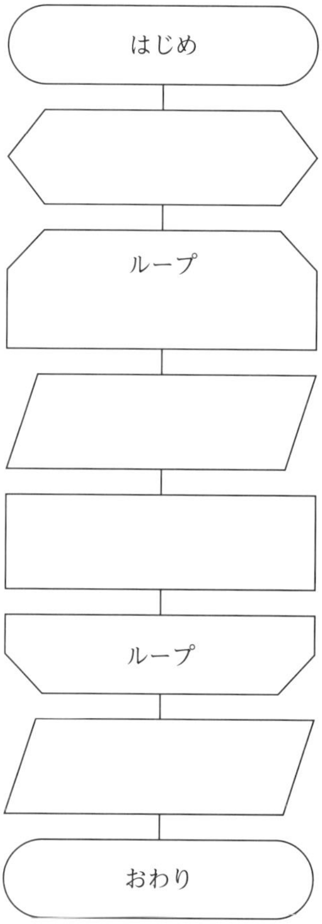

ポイント! 「合計 ＋ 数字 → 合計」や「教科数 ＋ 1 → 教科数」のように，“→”の左右に同じ項目がある場合は初期値にゼロを入れます。したがって，このような計算のない平均はあらかじめゼロを入れる必要はありません。

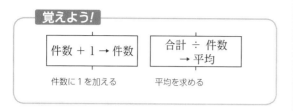

問題 6-2 定期試験５教科の平均得点を計算するために，正しい順番に並べ替え，記入しなさい。

入力データ

（教科）	（得点）
国語	68
数学	73
社会	81
理科	64
英語	59

実行結果

（平均） 69

- ０ → 合計
- 合計 ÷ 教科数 → 平均
- 教科数 ＋ １ → 教科数
- 平均を表示する
- データを読む

解答

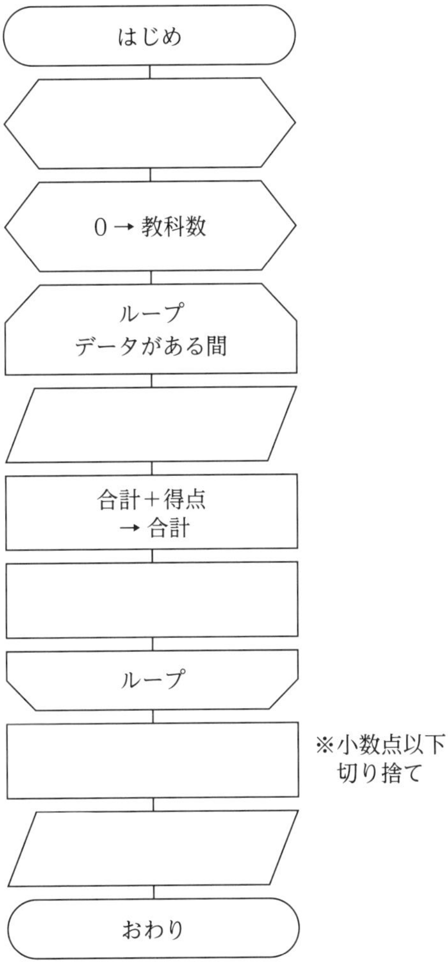

ポイント！ どのような内容のデータでも入力データは１件ずつ読み込むため，「件数」（ここでは「教科数」）には１を加える処理をします。

問題 6-3 各組の男女人数から，学年全体の合計，組数，平均を計算するために，正しい順番に並べ替え，記入しなさい。

入力データ

（組）	（男子）	（女子）
1 組	13	24
2 組	13	24
3 組	12	24
4 組	9	29
5 組	8	30
6 組	13	22
7 組	13	23

実行結果

（合計） 257
（組数） 7
（平均） 36

- 合計を表示する
- 合計 ＋ 人数 → 合計
- ０ → 組数
- 平均を表示する
- 合計 ÷ 組数 → 平均
- 男子 ＋ 女子 → 人数

解答

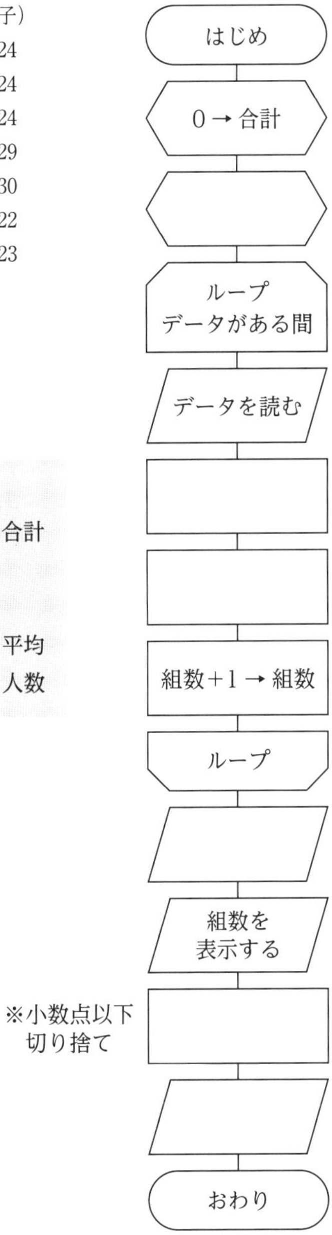

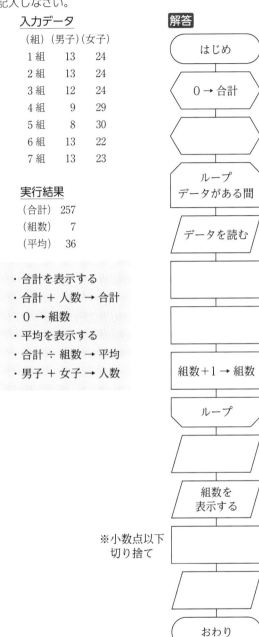

7 二分岐

覚えよう!

比較演算子	=	≠	≧	>	≦	<
↓否定する	↓	↓	↓	↓	↓	↓
否定後の比較演算子	≠	=	<	≦	>	≧

不等号の < や > の反対は，≧ や ≦ です。
等号(=)が付いていないときは付け，付いているときは外すのが，正反対の意味となります。

例題 7-1 条件判定 1

以下の条件文を，フローチャートとして記入しなさい。
「20歳未満はお酒を飲んではいけない。」

・年齢が20未満の場合は飲酒に × を，
それ以外の場合は ○ を記憶する。

解答

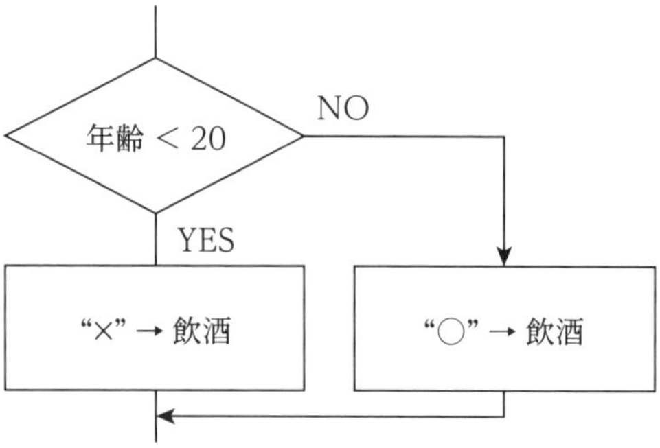

例題 7-2 条件判定 2

以下の条件文を，フローチャートとして記入しなさい。
「20歳以上はお酒を飲んでもよい。」

・年齢が20以上の場合は飲酒に ○ を，
それ以外の場合は × を記憶する。

解答

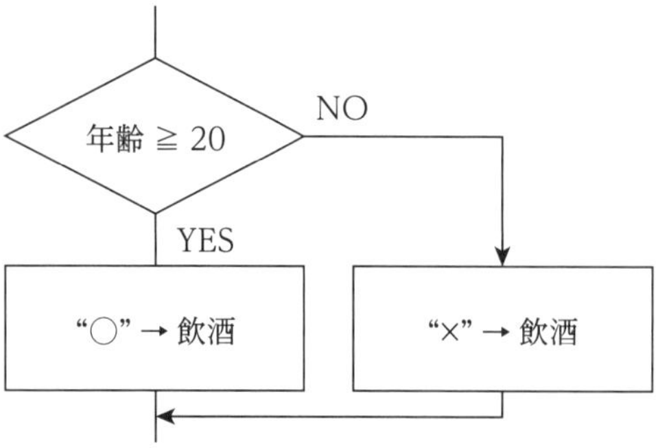

問題 7-1 以下の条件文を，フローチャートとして記入しなさい。
「70点未満は補習となり，それ以外は合格とする。」

・点数が70未満の場合は判定に 補習 を，
それ以外の場合は 合格 を記憶する。

解答

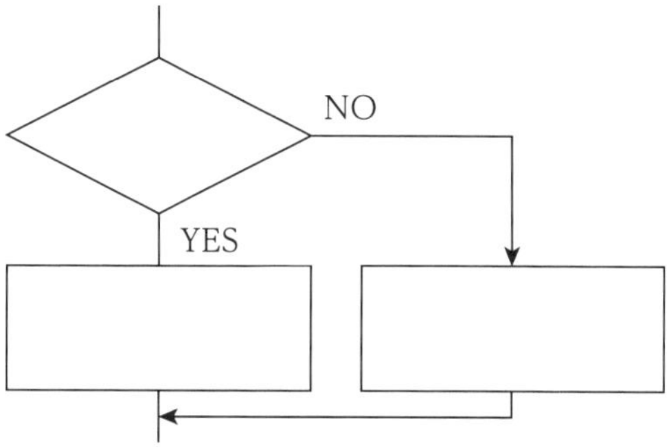

問題 7-2 以下の条件文を，フローチャートとして記入しなさい。
「70点以上は合格となり，それ以外は補習とする。」

・点数が70以上の場合は判定に 合格 を，
それ以外の場合は 補習 を記憶する。

解答

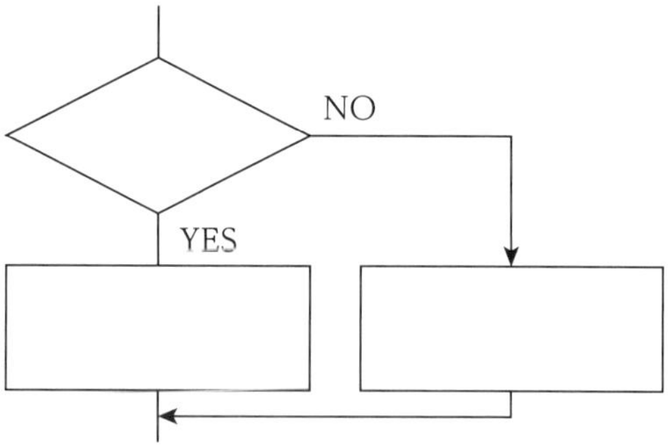

ポイント! 20や70などの数値データには “ ” をつけません。“○” や “合格” などの文字データには “ ” をつけます。ただし，「年齢」や「点数」のような，中身のデータを用いたい場合は “ ” をつけないのがルールです。

問題 7-3 以下の条件文を，フローチャートとして記入しなさい。

「学生であれば学生割引となる。」

・区分が 学生 の場合は備考に 学生割引 を，
それ以外の場合は空欄を記憶させる。

解答

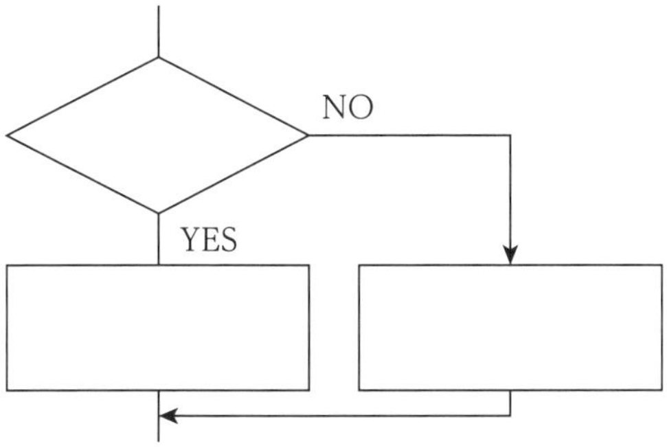

問題 7-4 以下の条件文を，フローチャートとして記入しなさい。

「学生であれば学生割引となる。」

・区分が 学生 以外の場合は備考に空欄を，
それ以外の場合は 学生割引 を記憶させる。

解答

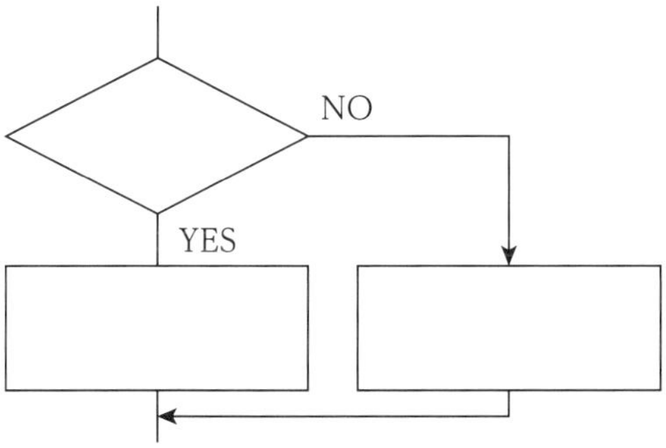

ポイント！ “”(ダブルコーテーション)は，文章での「」(かぎかっこ)のような役割をはたしています。空欄は“”とダブルコーテーション２つで表現します。

問題 7-5 以下の条件文を，フローチャートとして記入しなさい。

「区分コードが T であれば特別会員とし，
それ以外は一般会員とする。」

・区分コードが T の場合は区分に 特別会員 を，
それ以外の場合は 一般会員 を記憶させる。

解答

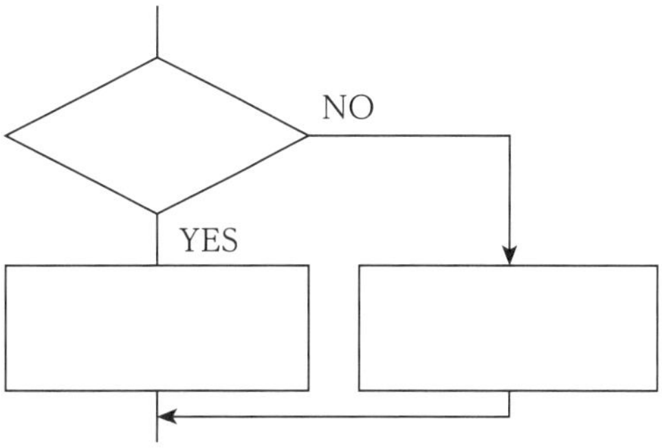

問題 7-6 以下の条件文を，フローチャートとして記入しなさい。

「区分コードが T であれば特別会員とし，
それ以外は一般会員とする。」

・区分コードが T 以外の場合は区分に 一般会員 を，
それ以外の場合は 特別会員 を記憶させる。

解答

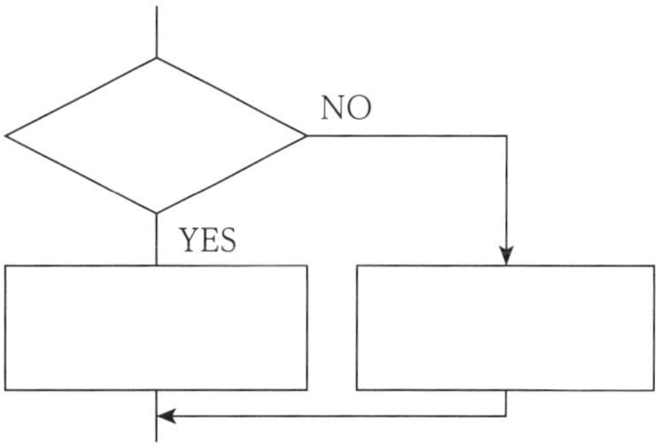

8 最大値

例題 8 最大値

次の４人の身長データのうち，最も高い人の身長を求めるために，正しい順番に並べ替え，記入しなさい。ただし，同じ身長の場合は先の人を優先する。

入力データ

（氏名）	（身長）
松浦茉里奈	146
寺下麻衣子	153
本多加苗	161
船橋美月	155

実行結果

（最大）　161

・身長 ＞ 最大　　・身長 → 最大
・最大を表示する　　・０ → 最大

解答

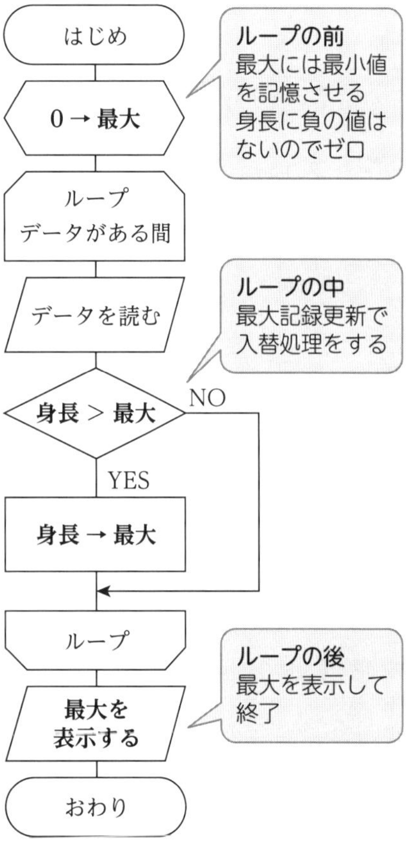

基本形は以上のとおりです。ただし，同じ身長の人がいるかどうかで判定処理の条件式が変わってきます。

同じ身長の人がいない　：身長 ＞ 最大
同じ身長の場合は先の人を優先する　：身長 ＞ 最大
同じ身長の場合は後の人を優先する　：身長 ≧ 最大

問題 8-1 次の５人の身長データのうち，最も高い人の氏名と身長を求めるために，正しい順番に並べ替え，記入しなさい。ただし，同じ身長の場合は先の人を優先する。

入力データ

（氏名）	（身長）
小椋大輔	159
林基生	158
齊藤亘佑	167
長岡拓郎	162
棚瀬海都	167

実行結果

（最大氏名）　齊藤亘佑
（最大）　167

・身長 → 最大
・０ → 最大
・身長 ＞ 最大
・最大氏名を表示する

解答

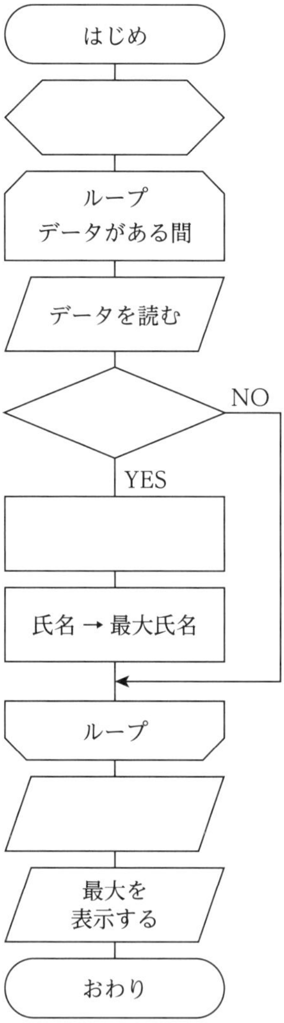

ポイント！ ループの前の準備処理では，「最大」に最小値を記憶させます。これは，１件目のデータを必ず最大値にするためです。これまでの，合計にゼロを記憶させる初期化とは意味が異なります。

問題 8-2 次の５人の身長データのうち，最も高い人の氏名と身長を求めるために，必要な処理を空欄に記入しなさい。ただし，同じ身長の場合は後の人を優先する。

入力データ

（氏名）	（身長）
小椋大輔	159
林基生	158
齊藤亘佑	167
長岡拓郎	162
棚瀬海都	167

実行結果

（最大氏名）	棚瀬海都
（最大）	167

解答

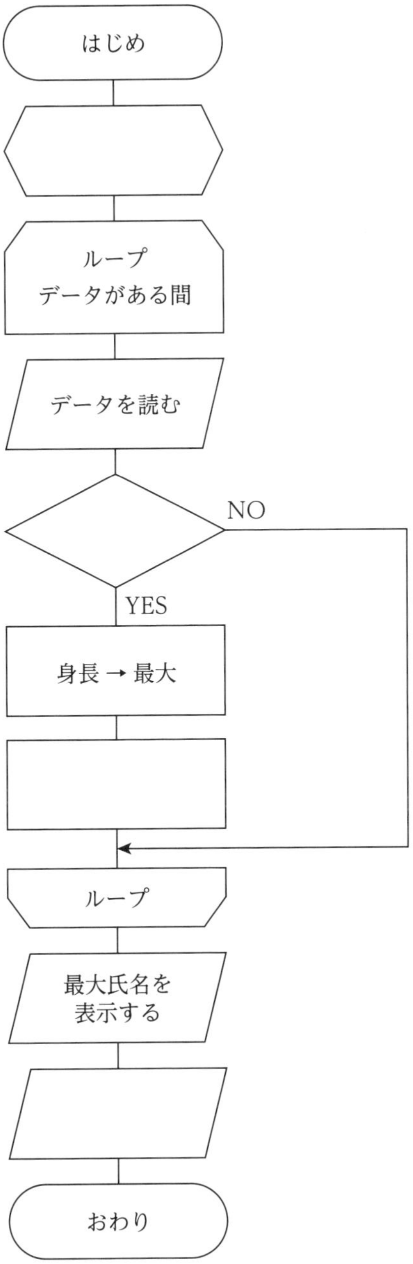

はじめ
ループ
データがある間
データを読む
NO
YES
身長 → 最大
ループ
最大氏名を
表示する
おわり

問題 8-3 次の５人の身長データのうち，最も高い人の氏名と身長を求めるために，必要な処理を空欄に記入しなさい。ただし，同じ身長の場合は先の人を優先する。

入力データ

（氏名）	（身長）
小椋大輔	159
林基生	158
齊藤亘佑	167
長岡拓郎	162
棚瀬海都	167

実行結果

（最大氏名）	齊藤亘佑
（最大）	167

解答

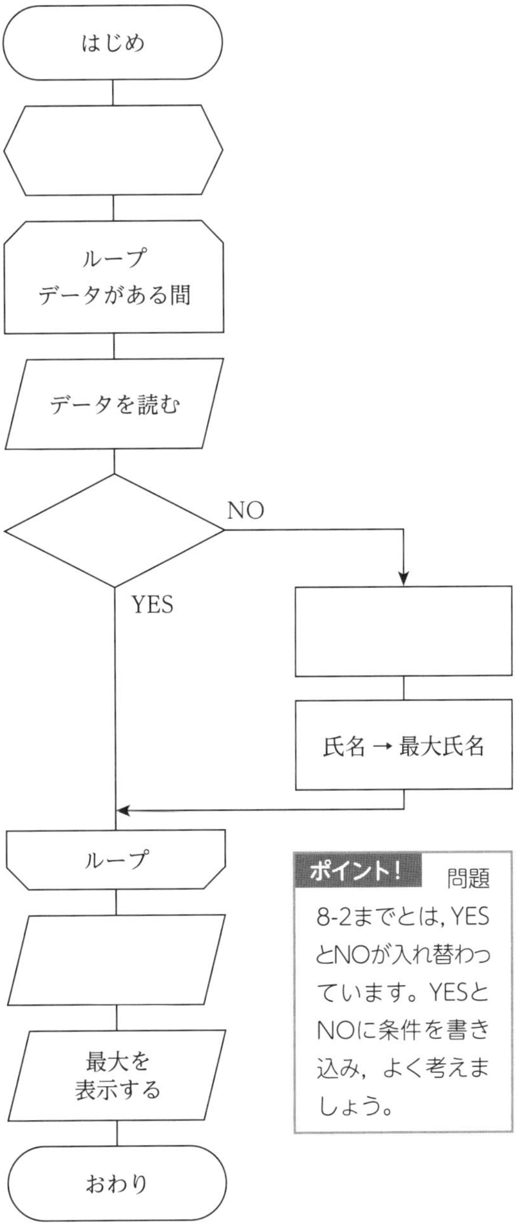

はじめ
ループ
データがある間
データを読む
NO
YES
氏名 → 最大氏名
ループ
最大を
表示する
おわり

ポイント！ 問題8-2までとは，YESとNOが入れ替わっています。YESとNOに条件を書き込み，よく考えましょう。

9 最小値

例題 9 最小値

次の４人の50m走データのうち，最も速い人の記録を求めるために，正しい順番に並べ替え，記入しなさい。ただし，同じ記録の場合は先の人を優先する。

入力データ

（氏名）	（記録）
松浦茉里奈	9.4
寺下麻衣子	8.9
本多加苗	9.7
舩橋美月	8.6

実行結果

（最小）　8.6

・記録 < 最小　　・記録 → 最小
・最小を表示する　・99.9 → 最小

解答

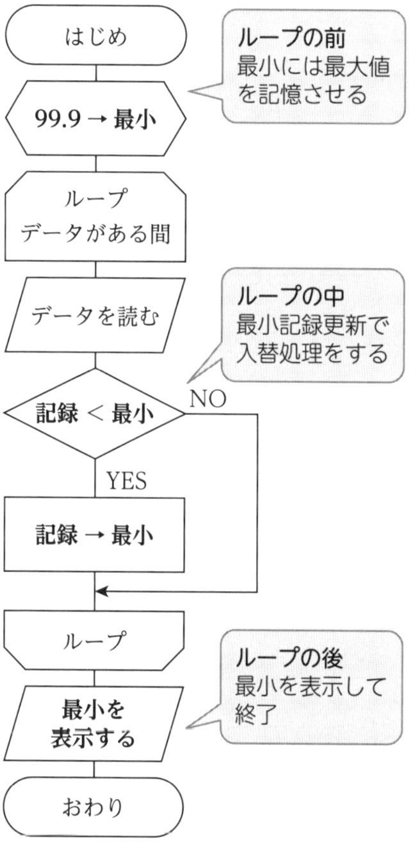

最大値の処理とほとんど同じです。最大値同様，同じ記録の人がいるかどうかで判定処理の条件式が変わってきます。

同じ記録の人がいない	：記録 < 最小
同じ記録の場合は先の人を優先する	：記録 < 最小
同じ記録の場合は後の人を優先する	：記録 ≦ 最小

問題 9-1 次の５人の50m走データのうち，最も速い人の氏名と記録を求めるために，正しい順番に並べ替え，記入しなさい。ただし，同じ記録の場合は先の人を優先し，記録は99.9を超えるものはないものとする。

入力データ

（氏名）	（記録）
小椋大輔	7.8
林基生	6.8
齊藤亘佑	7.6
長岡拓郎	7.4
棚瀬海都	6.8

実行結果

（最小氏名）　林基生
（最小）　6.8

・記録 → 最小
・99.9 → 最小
・記録 < 最小
・最小氏名を表示する

解答

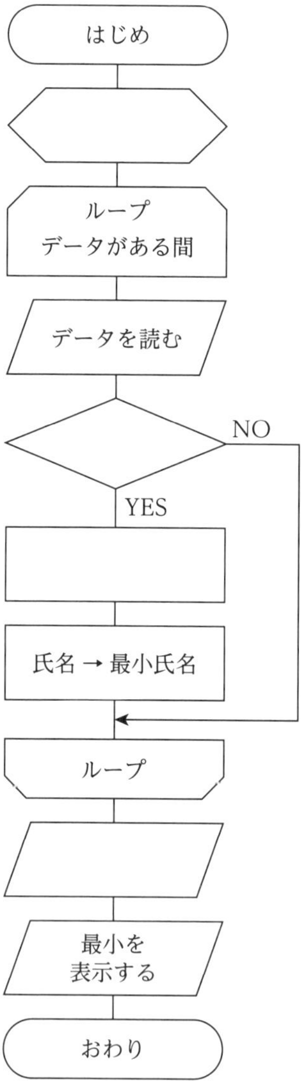

ポイント！ ループの前の準備処理では，「最小」に最大値を記憶させます。これは，１件目のデータを必ず最小値にするためです。

問題 9-2 次の５人の50m走データのうち，最も速い人の氏名と記録を求めるために，必要な処理を空欄に記入しなさい。ただし，同じ記録の場合は後の人を優先し，記録は99.9を超えるものはないものとする。

入力データ

（氏名）	（記録）
小椋大輔	7.8
林基生	6.8
齊藤亘佑	7.6
長岡拓郎	7.4
棚瀬海都	6.8

実行結果

（最小氏名）	棚瀬海都
（最小）	6.8

解答

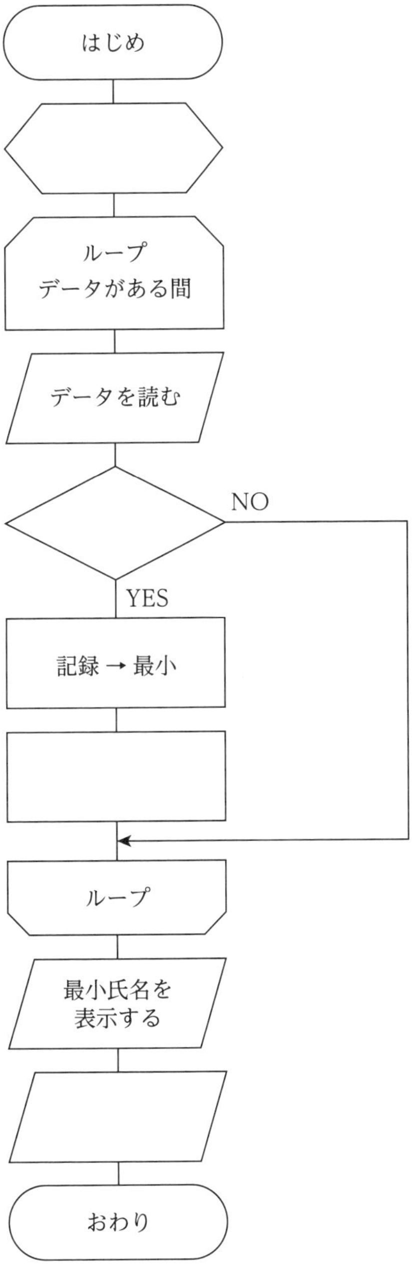

はじめ
ループ
データがある間
データを読む
NO
YES
記録 → 最小
ループ
最小氏名を
表示する
おわり

問題 9-3 次の５人の50m走データのうち，最も速い人の氏名と記録を求めるために，必要な処理を空欄に記入しなさい。ただし，同じ記録の場合は先の人を優先し，記録は99.9を超えるものはないものとする。

入力データ

（氏名）	（記録）
小椋大輔	7.8
林基生	6.8
齊藤亘佑	7.6
長岡拓郎	7.4
棚瀬海都	6.8

実行結果

（最小氏名）	林基生
（最小）	6.8

解答

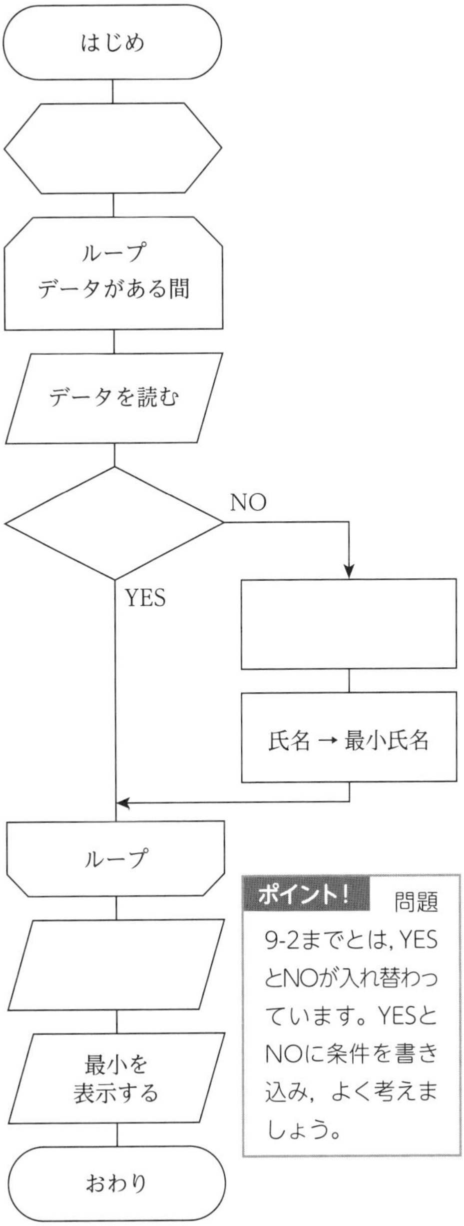

はじめ
ループ
データがある間
データを読む
NO
YES
氏名 → 最小氏名
ループ
最小を
表示する
おわり

ポイント！ 問題9-2までとは，YESとNOが入れ替わっています。YESとNOに条件を書き込み，よく考えましょう。

10 配列

覚えよう!

これまでは，例えば「合計」の保存場所はひとつでしたが，同じようなデータを複数保存する場合は，**配列(テーブル)**が便利です。何番目のデータかは，(　)内の数値で表します。これを**添字(そえじ)**と呼びます。一戸建て住宅と集合住宅の部屋番号を想像すると捉えやすくなります。

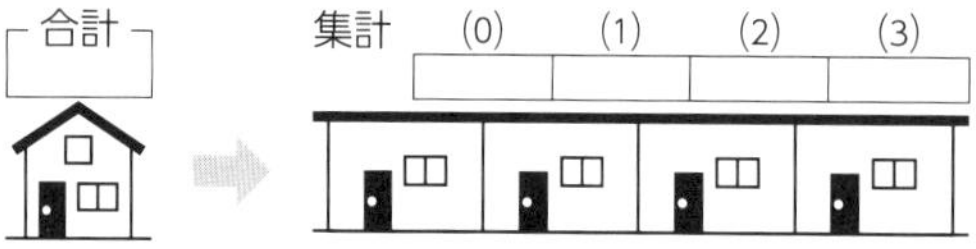

例題 10 配列

各組の男女人数から組ごとの人数を計算して，配列「集計」に保存したあと，表示するために，正しい順番に並べ替え，記入しなさい。

入力データ

(組)	(男子)	(女子)
1組	13	24
2組	13	24
3組	12	24
4組	9	29
5組	8	30
6組	13	22
7組	13	23

実行結果

(1組人数)	37
(2組人数)	37
(3組人数)	36
(4組人数)	38
(5組人数)	38
(6組人数)	35
(7組人数)	36

集計	(0)	(1)	(2)	(3)	(4)	(5)	(6)	(7)

・男子 + 女子 → 集計(SOE)
・集計(SOE)を表示する

解答

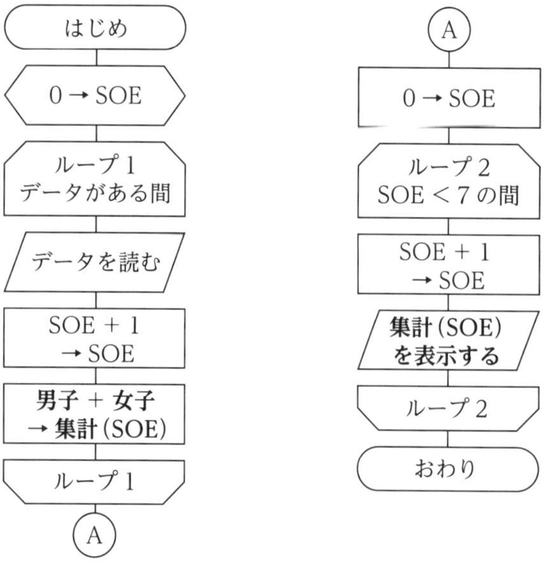

問題 10-1 各組の男女人数を配列「男」と配列「女」に保存したあと，組ごとの人数を計算して，表示するために，正しい順番に並べ替え，記入しなさい。

入力データ

(組)	(男子)	(女子)
1組	13	24
2組	13	24
3組	12	24
4組	9	29
5組	8	30
6組	13	22
7組	13	23

実行結果

(1組人数)	37
(2組人数)	37
(3組人数)	36
(4組人数)	38
(5組人数)	38
(6組人数)	35
(7組人数)	36

男	(0)	(1)	(2)	(3)	(4)	(5)	(6)	(7)

女	(0)	(1)	(2)	(3)	(4)	(5)	(6)	(7)

・女子 → 女(SOE)
・SOE + 1 → SOE
・男(SOE) + 女(SOE) → 人数

解答

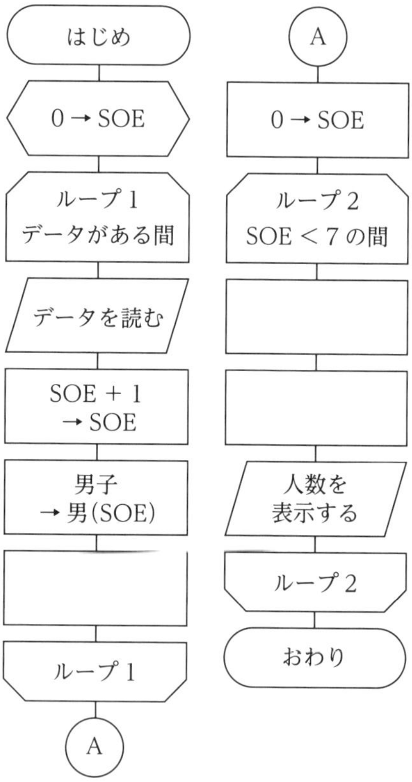

この問題と先の例題10では，添字0番目は使っていません。1組であれば添字1番目にデータを保存した方が分かりやすいためです。このように，組と添字の数値を合わせるような使い方を，**添字で対応する**といいます。

問題 10-2 文化祭の発表の人気投票において，組ごとの得票数を配列「集計」に保存したあと，投票人数とともに表示するために，正しい順番に並べ替え，記入しなさい。

入力データ

（投票番号）	（組）
1	3
2	7
3	2
∫	∫
540	6

実行結果

（1組得票数）	60
（2組得票数）	77
（3組得票数）	62
（4組得票数）	109
（5組得票数）	93
（6組得票数）	86
（7組得票数）	53
（人数）	540

集計

(0)	(1)	(2)	(3)	(4)	(5)	(6)	(7)

・人数を表示する
・人数 + 1 → 人数
・集計(SOE)を表示する
・1 → SOE
・配列 集計を初期化する

解答

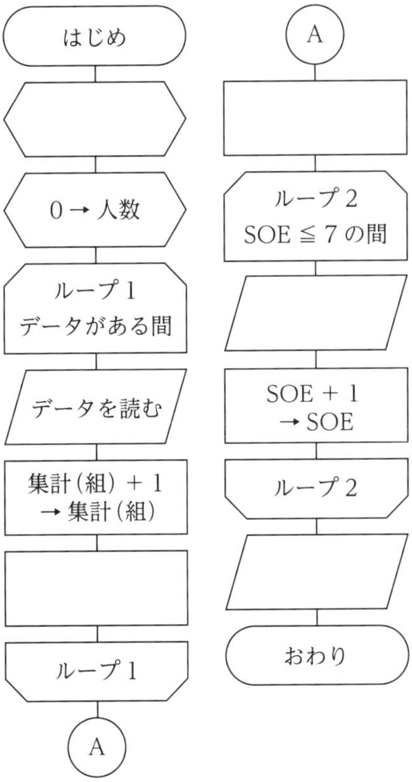

はじめ
0 → 人数
ループ1
データがある間
データを読む
集計(組) + 1
→ 集計(組)
ループ1
A
A
ループ2
SOE ≦ 7の間
SOE + 1
→ SOE
ループ2
おわり

問題 10-3 文化祭の発表の人気投票において，組ごとの得票数を配列「集計」に保存したあと，投票人数とともに表示するために，正しい順番に並べ替え，記入しなさい。

入力データ

（投票番号）	（組）
1	3
2	7
3	2
∫	∫
540	6

実行結果

（1組得票数）	60
（2組得票数）	77
（3組得票数）	62
（4組得票数）	109
（5組得票数）	93
（6組得票数）	86
（7組得票数）	53
（人数）	540

集計

(0)	(1)	(2)	(3)	(4)	(5)	(6)	(7)

・1 → SOE
・集計(0) + 1 → 集計(0)
・集計(SOE)を表示する
・集計(0)を表示する

解答

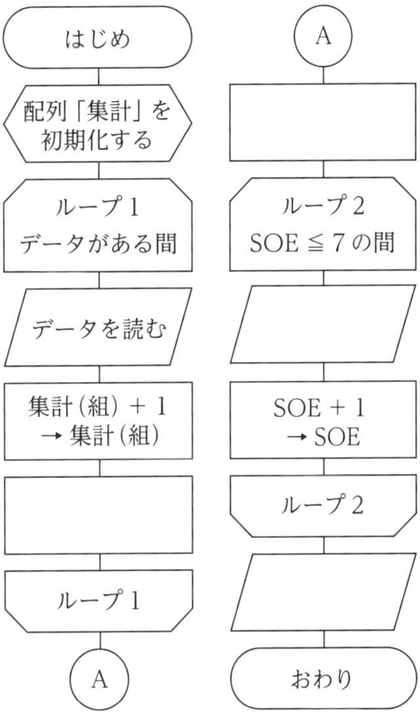

はじめ
配列「集計」を
初期化する
ループ1
データがある間
データを読む
集計(組) + 1
→ 集計(組)
ループ1
A
A
ループ2
SOE ≦ 7の間
SOE + 1
→ SOE
ループ2
おわり

11 線形探索

例題 11 線形探索

背番号をもとに選手名を探索して表示するために，正しい順番に並べ替え，記入しなさい。

入力データ

(背番号)
24
17
34

実行結果

(背番号)	(選手名)
24	大西
17	松田
34	山中

番号

(0)	(1)	(2)	(3)	(4)
14	17	24	25	34

選手名

(0)	(1)	(2)	(3)	(4)
秋月	松田	大西	江尻	山中

・SOE + 1 → SOE
・0 → SOE

解答

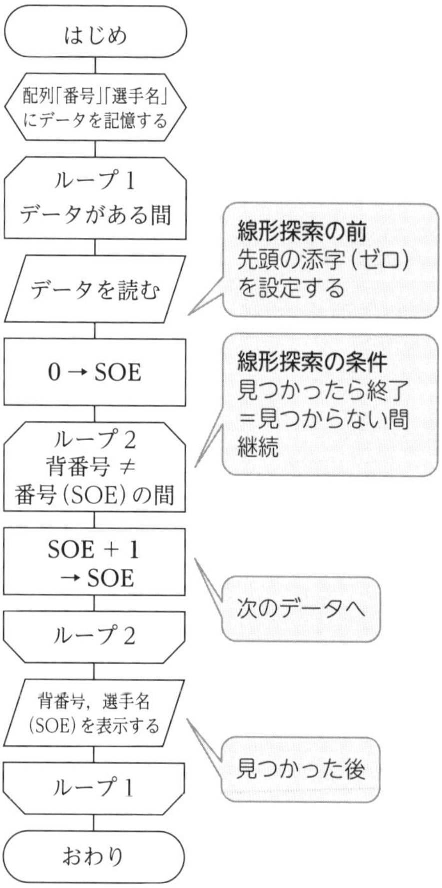

はじめ
配列「番号」「選手名」にデータを記憶する
ループ1 データがある間
データを読む
0 → SOE
ループ2 背番号 ≠ 番号(SOE)の間
SOE + 1 → SOE
ループ2
背番号，選手名(SOE)を表示する
ループ1
おわり
線形探索の前 先頭の添字(ゼロ)を設定する
線形探索の条件 見つかったら終了 =見つからない間継続
次のデータへ
見つかった後

線形探索とは文字の通り，線の形(左から右，上から下)に順番にデータを探すアルゴリズムです。配列の先頭から探し始めるため，準備処理として添字にゼロを設定します。あとは見つかるまでの間，添字に1を加え続けます。

問題 11-1 学校購買部の売上データの商品番号をもとに商品名を探索して表示するために，正しい順番に並べ替え，記入しなさい。

入力データ

(売上番号)	(商品番号)
1	S1
2	D1
3	F2

実行結果

(商品名)
筆記具
緑茶
パン

コード

(0)	(1)	(2)	(3)	(4)
D1	D2	F1	F2	S1

商品名

(0)	(1)	(2)	(3)	(4)
緑茶	ジュース	おにぎり	パン	筆記具

・0 → SOE
・SOE + 1 → SOE
・商品名(SOE)を表示する
・商品番号 ≠ コード(SOE)の間

解答

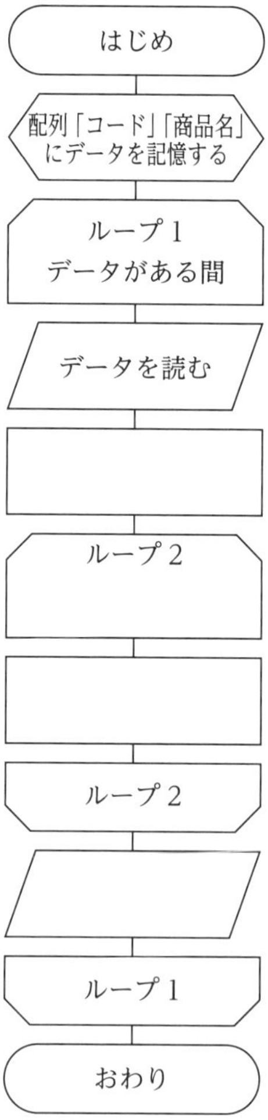

はじめ
配列「コード」「商品名」にデータを記憶する
ループ1 データがある間
データを読む
ループ2
ループ2
ループ1
おわり

問題 11-2 学校購買部の売上データの商品番号をもとに商品名と単価を探索して表示し，合計を求めるために，正しい順番に並べ替え，記入しなさい。

入力データ

(売上番号)	(商品番号)
1	S1
2	D1
3	F2

実行結果

(商品名)	(単価)
筆記具	120
緑茶	90
パン	110
(合計)	320

	(0)	(1)	(2)	(3)	(4)
コード	D1	D2	F1	F2	S1
商品名	緑茶	ジュース	おにぎり	パン	筆記具
単価	90	100	80	110	120

・商品番号 ≠ コード(SOE)の間
・0 → 合計
・合計 + 単価(SOE) → 合計
・合計を表示する

解答

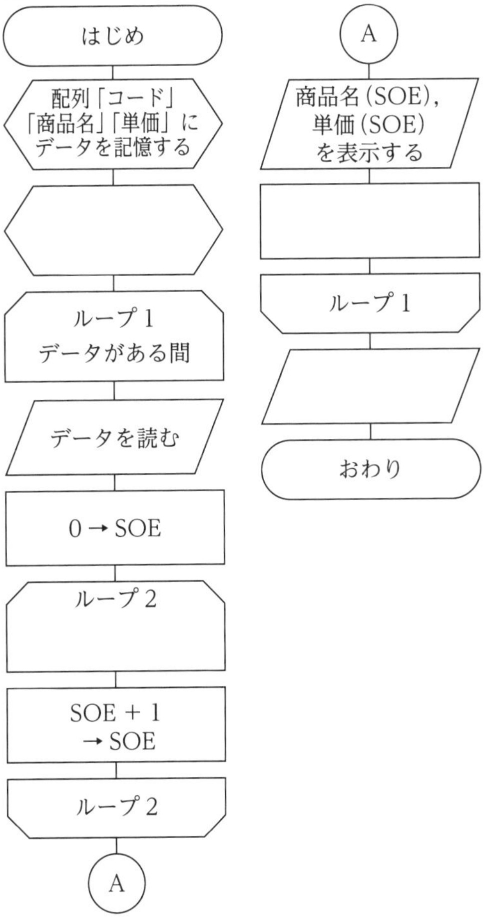

はじめ
配列「コード」「商品名」「単価」にデータを記憶する
ループ1
データがある間
データを読む
0 → SOE
ループ2
SOE + 1 → SOE
ループ2
A
A
商品名(SOE)，単価(SOE)を表示する
ループ1
おわり

問題 11-3 試験の得点をもとに評価ランクを探索して表示するために，正しい順番に並べ替え，記入しなさい。

入力データ

(受験番号)	(得点)
1	73
2	89
3	27
4	96
5	48

実行結果

(得点)	(ランク)
73	C
89	B
27	E
96	A
48	D

	(0)	(1)	(2)	(3)	(4)
点数	29	59	79	89	100
ランク	E	D	C	B	A

・0 → SOE
・SOE + 1 → SOE
・得点，ランク(SOE)を表示する
・得点 > 点数(SOE)の間

解答

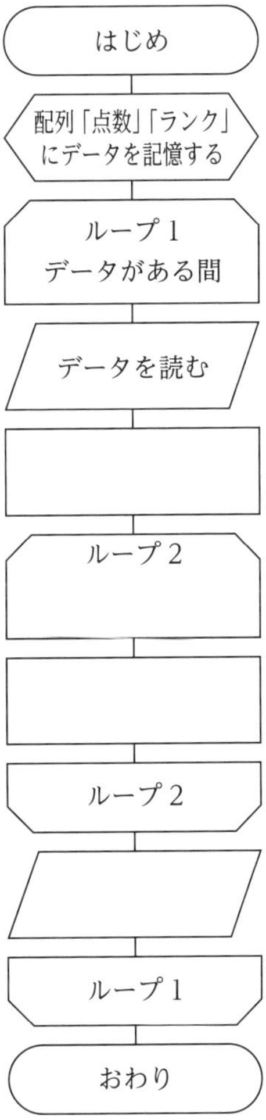

はじめ
配列「点数」「ランク」にデータを記憶する
ループ1
データがある間
データを読む
ループ2
ループ2
ループ1
おわり

12 多分岐

例題 12-1 多分岐 1

以下の条件文を，フローチャートとして記入しなさい。

「区分コードが T であれば 特別会員，I であれば 一般会員，それ以外は 新入会員 とする。」

⇒区分コードが T の場合は区分に 特別会員，I の場合は 一般会員，その他の場合は 新入会員 を記憶させる。

解答

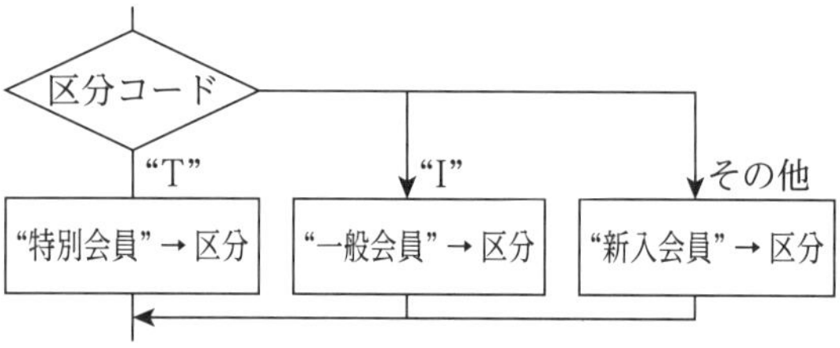

例題 12-2 多分岐 2

以下の条件文を，フローチャートとして記入しなさい。

「現在の時刻と12時を比較して，午前・正午・午後の判定を行う。」

⇒時刻が12時未満の場合は判定に 午前，時刻が12時と等しい場合は 正午，時刻が12時を超える場合は 午後 を記憶させる。

解答

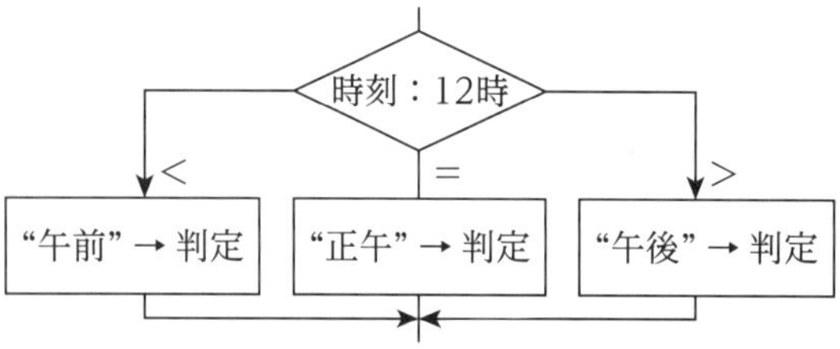

上記の多分岐フローチャートを，これまでの二分岐フローチャートで示すと，一例では下記のようになります。

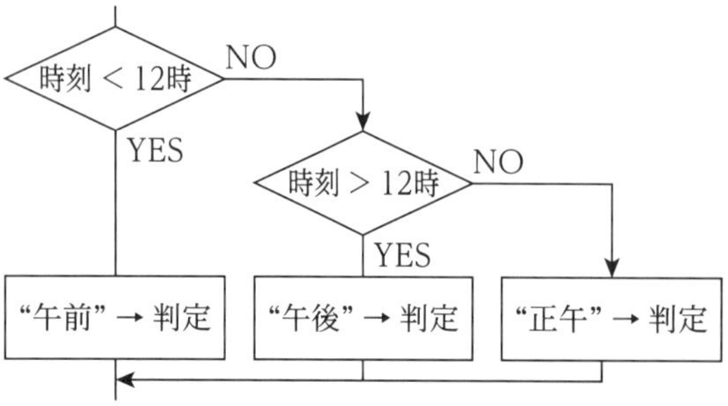

問題 12-1 以下の条件文を，フローチャートとして記入しなさい。

「学科コードが K であれば 経理科，J であれば 情報処理科，S であれば 商業科 とする。」

⇒学科コードが K であれば学科に 経理科，J であれば 情報処理科，S であれば 商業科 を記憶させる。

解答

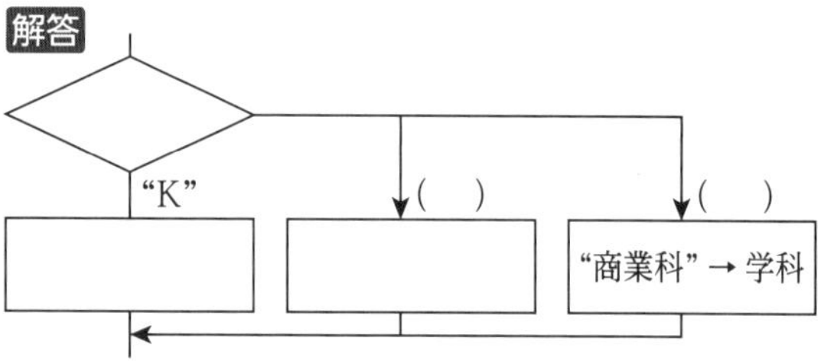

問題 12-2 以下の条件文を，フローチャートとして記入しなさい。

「自分の方が相手よりも年上であれば 先輩，同い年であれば 同級生，年下であれば 後輩 とする。」

⇒自分が相手を超える場合は判定に 先輩，自分と相手が等しい場合は 同級生，自分が相手未満の場合は 後輩 を記憶させる。

解答

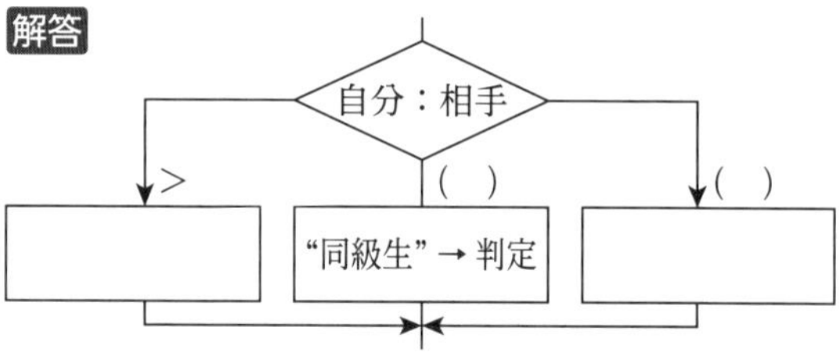

問題 12-3 問題 12−2 の条件文を，二分岐のみのフローチャートとして記入しなさい。

⇒自分が相手を超える場合は判定に 先輩，自分が相手未満の場合は 後輩，それ以外の場合は 同級生 を記憶させる。

解答

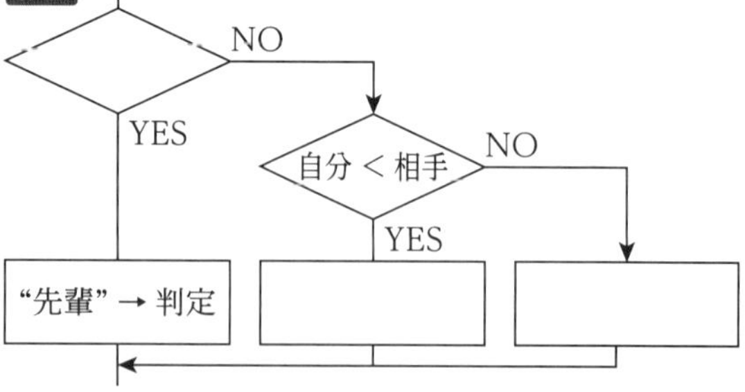

問題 12-4 次の３人の実技テストの点数データを集計し，ランクを表示するために，正しい順番に並び替え，記入しなさい。

入力データ

(番号)	(点数)
1	4
2	5
3	3
1	1
2	4
3	2
1	3
2	3
3	4
1	1
2	5
3	4

実行結果

(生徒名)	(ランク)
大久保空良	C
酒井里緒	A
中西麻緒	B
(点数合計)	39

	(0)	(1)	(2)	(3)
氏名		大久保空良	酒井里緒	中西麻緒
得点	(合計)			

- 得点(SOE)
- “B” → ランク
- 得点(0) ＋ 点数 → 得点(0)
- 氏名(SOE)，ランクを表示する

解答

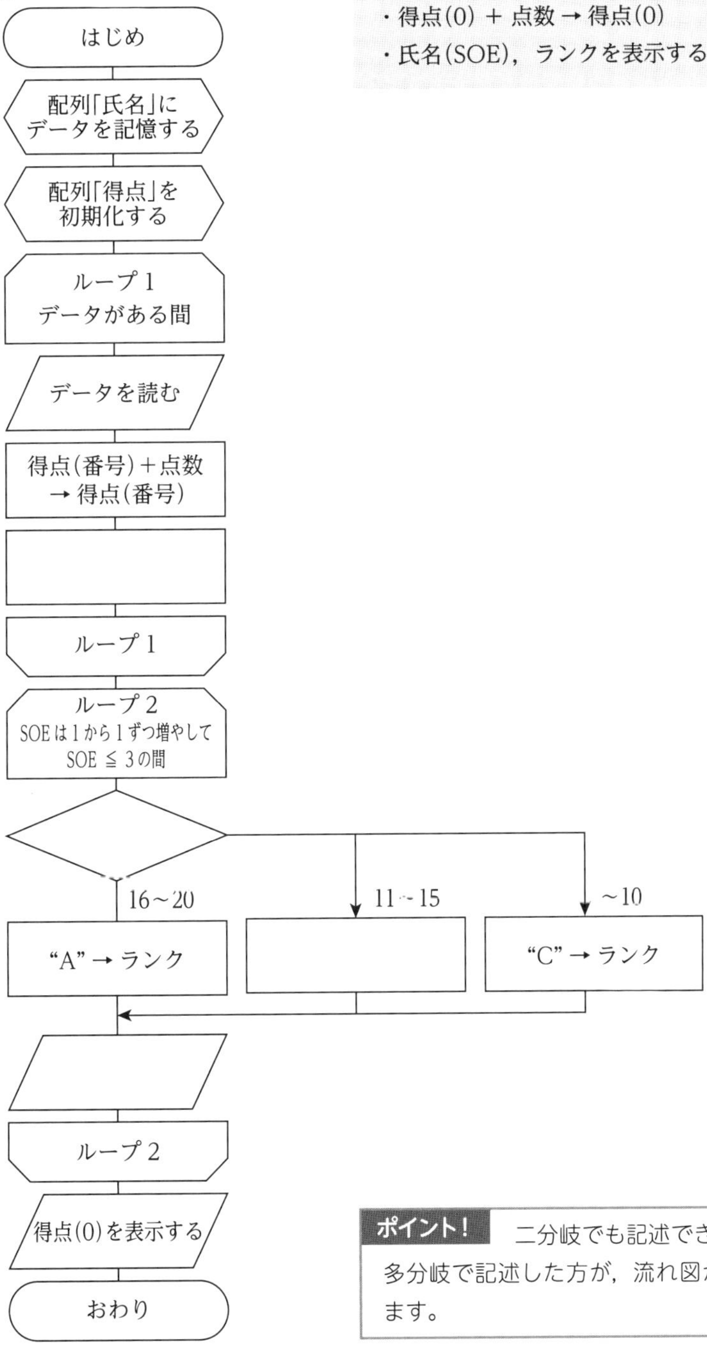

ポイント! 二分岐でも記述できる処理ですが，多分岐で記述した方が，流れ図がすっきりとします。

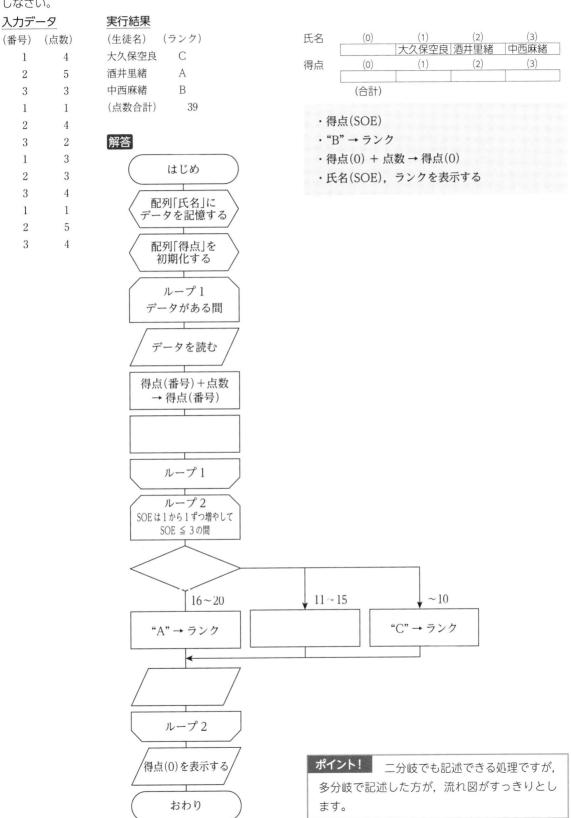

13 演習問題

問題 13-1 入学試験５教科の合計得点を求めるために，正しい順番に並べ替え，記入しなさい。ただし，最も得点の高い教科のみ点数を２倍にする。

入力データ

（教科）	（得点）
国語	68
数学	73
社会	81
理科	64
英語	59

実行結果

（合計）　426

- 合計 + 得点 → 合計
- 0 → 最大
- 合計 + 最大 → 合計
- 得点 > 最大
- データを読む

解答

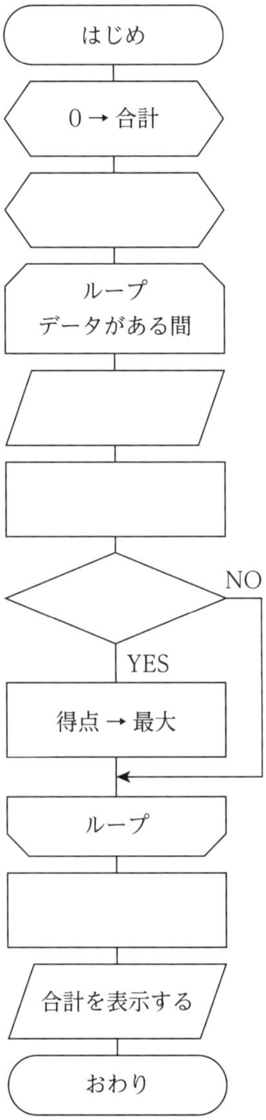

問題 13-2 ４科目で実施する検定試験の合否判定を行いたい。合計が70点以上で，かつ全科目が25点満点中10点以上ならば合格である。正しい順番に並べ替え，記入しなさい。

入力データ

（科目）	（得点）
商業簿記	21
会計学	9
工業簿記	19
原価計算	23

実行結果

（合計）　72
（合否）　不合格

- 99 → 最小
- “合格” → 合否
- 最小 < 10
- 合否を表示する
- 得点 < 最小

解答

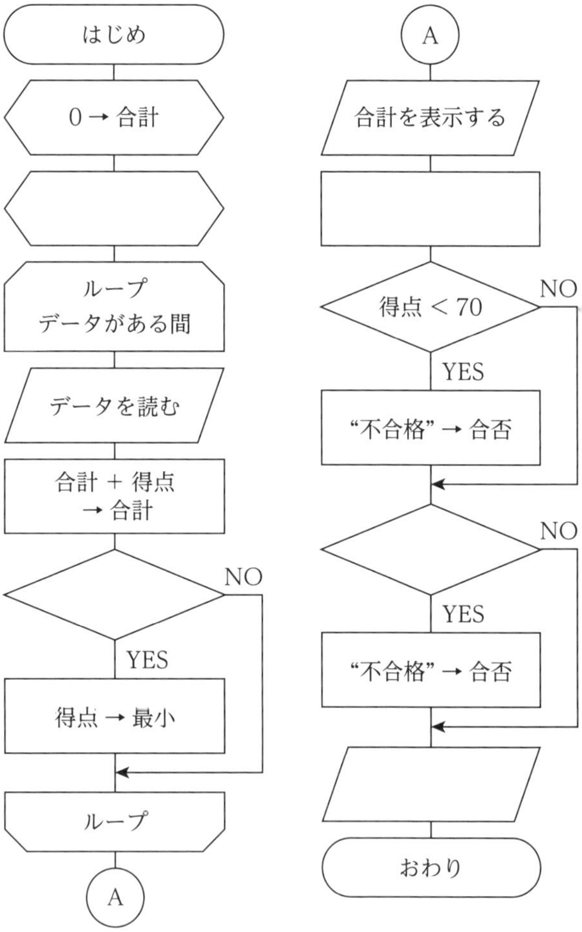

問題 13-3 ヤマダスーパー社内での接客コンテスト最終審査進出者４名の人気投票を行った。実行結果のように集計・表示するために，正しい順番に並べ替え，記入しなさい。なお，投票番号と各配列の添字は対応している。ただし，最多得票者を優勝者とし，最多得票が複数の場合はその全員が優勝である。

入力データ

（投票番号）

2
3
1
0
2
1
2
0
3
2
3

実行結果

（社員番号）	（社員名）	（得票数）	（備考）
22	井林結衣	2	
26	清水和美	2	
43	鈴村有美	4	優勝
102	栗本舞	3	

	(0)	(1)	(2)	(3)
Ban	22	26	43	102
Mei	井林結衣	清水和美	鈴村有美	栗本舞
Hyou				

- ０ → 最大
- “優勝” → 備考
- Hyou(A) ＝ 最大
- Hyou(A) ＞ 最大
- Hyou(投票番号) ＋ １ → Hyou(投票番号)

解答

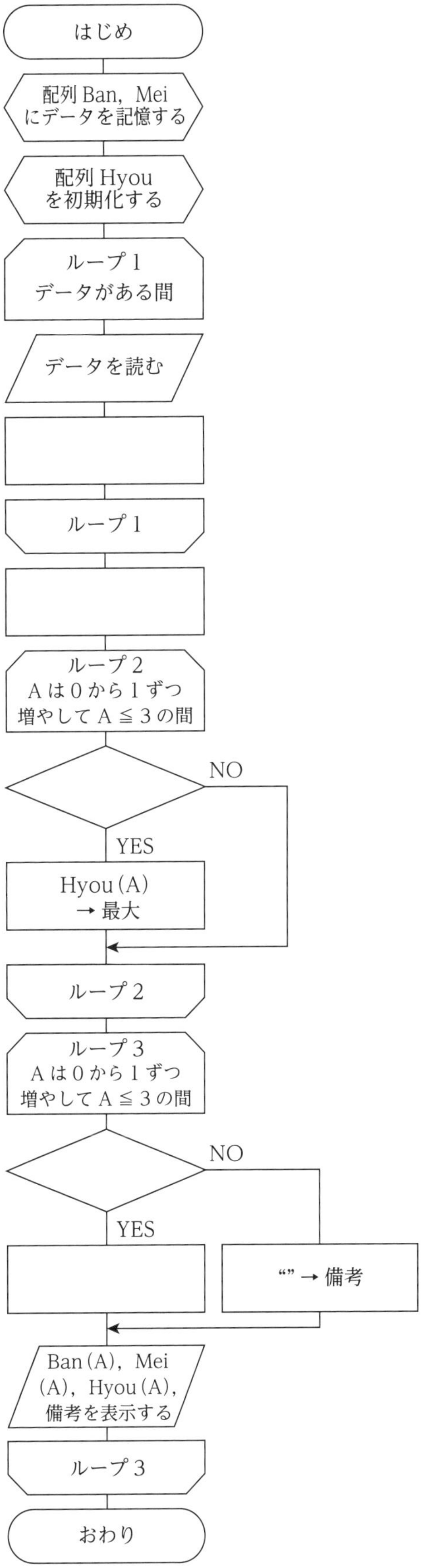

14 トレース表の利用

トレースとは，“追跡する”という意味です。フローチャートを順に追っていき，値の変化を調べます。これにより，設計の誤りを発見することができます。さらに，トレースをすることはアルゴリズムやプログラムの学習において，大切な基本となります。

例題 14-1 回数判定による繰り返し 1

1から5までの数値を，順番に画面に表示するフローチャートにおいて，トレースを行いなさい。

▶例題4-1

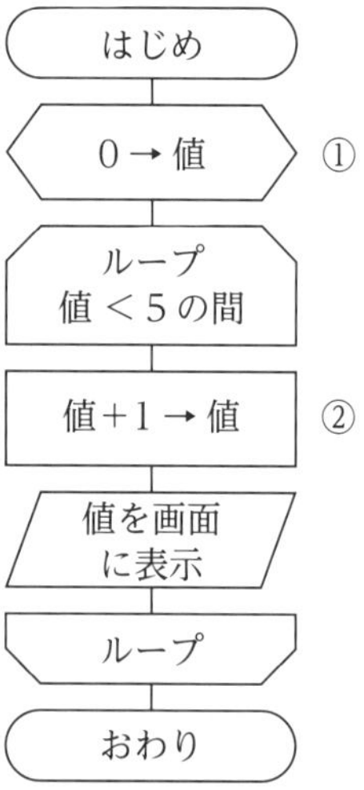

解答

	値
①	0
②	1
②	2
②	3
②	4
②	5

例題 14-2 回数判定による繰り返し 2

1から5までの数値を，順番に画面に表示するフローチャートにおいて，トレースを行いなさい。

▶例題4-2

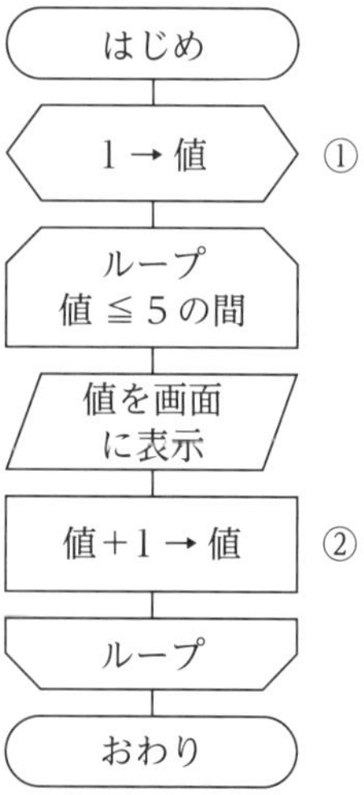

解答

	値
①	1
②	2
②	3
②	4
②	5
②	6

左の例題14-1と例題14-2は，例題4-1と例題4-2で扱った，ともに1から5の数値を画面に表示するという簡単なフローチャートです。よく見ると，値の変化の仕方が違います。このような小さな違いを理解することがアルゴリズムの理解につながります。アルゴリズムが苦手な人ほど，トレースを大事にしましょう。

慣れないうちは，ゆっくりトレースすることが大切です。

問題 14-1 1から10までの偶数の数値を，順番に画面に表示するフローチャートにおいて，トレースを行いなさい。

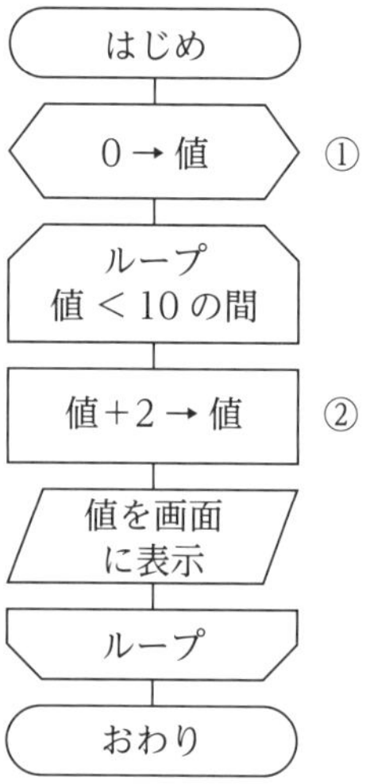

解答

	値
①	
②	
②	
②	
②	
②	

問題 14-2 1から10までの奇数の数値を，順番に画面に表示するフローチャートにおいて，トレースを行いなさい。

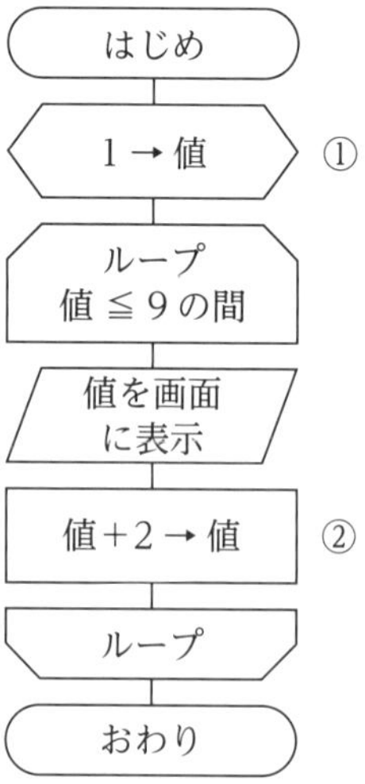

解答

	値
①	
②	
②	
②	
②	
②	

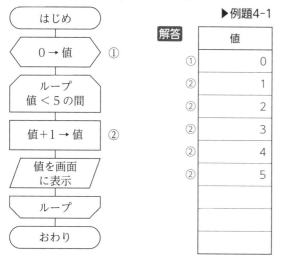

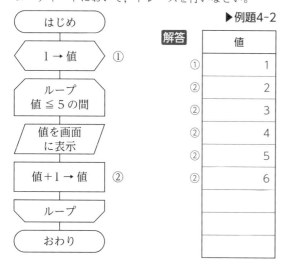

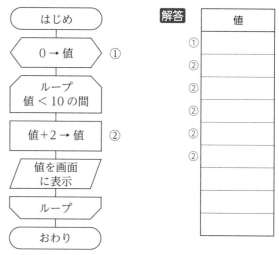

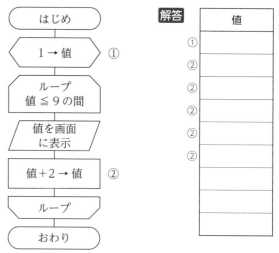

15 データ集計・件数カウントのトレース

問題 15-1 定期試験５教科の合計得点を計算するフローチャートにおいて，トレースを行いなさい。

▶問題5-1

入力データ

（教科）　（得点）
国語　68
数学　73
社会　81
理科　64
英語　59

実行結果

（合計）　345

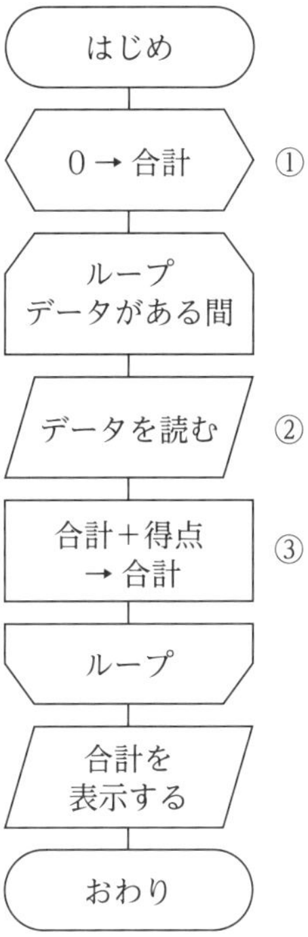
はじめ
0 → 合計
①
ループ
データがある間
データを読む
②
合計＋得点
→ 合計
③
ループ
合計を
表示する
おわり

解答

	入力データ		合計
	教科	得点	
①	—	—	0
②	国語	68	0
③	国語	68	68
②			
③			
②			
③			
②			
③			
②			
③			

問題 15-2 定期試験５教科の平均得点を計算するフローチャートにおいて，トレースを行いなさい。

▶問題6-2

入力データ

（教科）　（得点）
国語　68
数学　73
社会　81
理科　64
英語　59

実行結果

（平均）　69

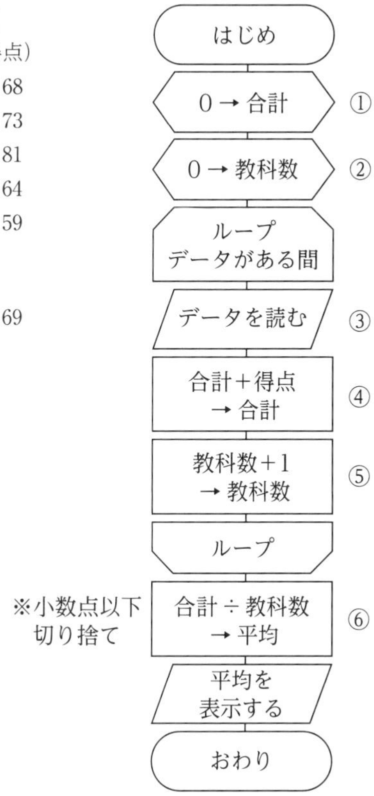
はじめ
0 → 合計
①
0 → 教科数
②
ループ
データがある間
データを読む
③
合計＋得点
→ 合計
④
教科数＋1
→ 教科数
⑤
ループ
※小数点以下
切り捨て
合計 ÷ 教科数
→ 平均
⑥
平均を
表示する
おわり

解答

	入力データ		合計	教科数	平均
	教科	得点			
①	—	—		—	—
②	—	—			—
③					
④					
⑤					
③					
④					
⑤					
③					
④					
⑤					
③					
④					
⑤					
③					
④					
⑤					
⑥					

16 最大値・最小値のトレース

問題 16-1 次の５人の身長データのうち，最も高い人の氏名と身長を求めるフローチャートにおいて，トレースを行いなさい。ただし，同じ身長の場合は先の人を優先する。

▶問題8-1

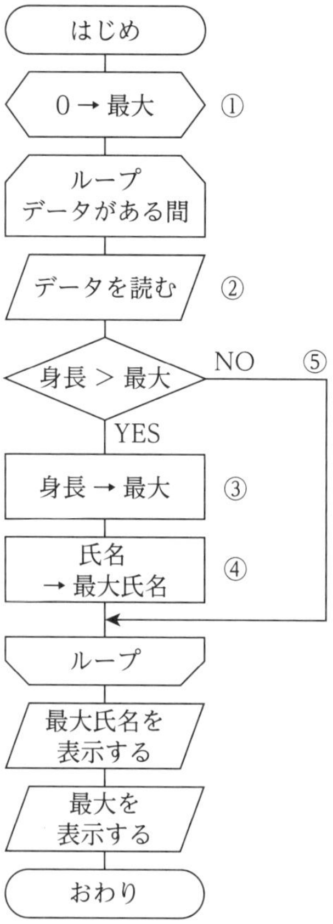

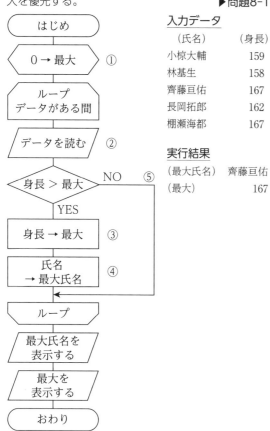

入力データ

（氏名）	（身長）
小椋大輔	159
林基生	158
齊藤亘佑	167
長岡拓郎	162
棚瀬海都	167

実行結果

（最大氏名） 齊藤亘佑
（最大） 167

解答

	入力データ		最大	最大氏名
	氏名	身長		
①	—	—		—
②	小椋			—
③	小椋			—
④	小椋			
②	林			
⑤	林			
②	齊藤			
③	齊藤			
④	齊藤			
②	長岡			
⑤	長岡			
②	棚瀬			
⑤	棚瀬			

※氏名および最大氏名は，名字だけでよい

問題 16-2 次の５人の身長データのうち，最も高い人の氏名と身長を求めるフローチャートにおいて，トレースを行いなさい。ただし，同じ身長の場合は後の人を優先する。

▶問題8-2

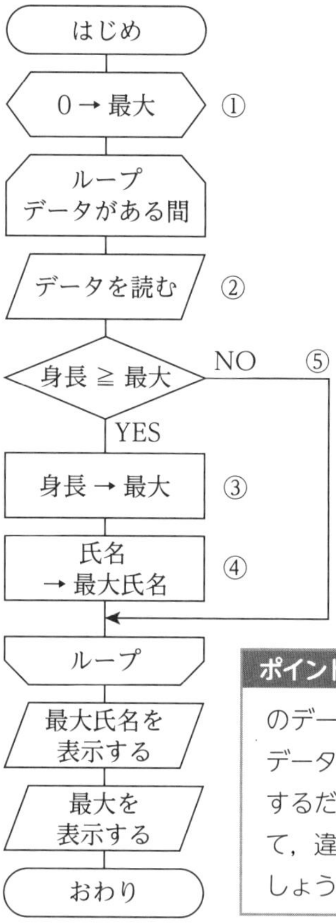

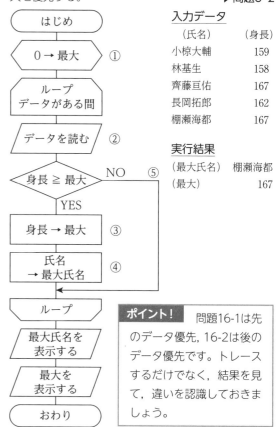

入力データ

（氏名）	（身長）
小椋大輔	159
林基生	158
齊藤亘佑	167
長岡拓郎	162
棚瀬海都	167

実行結果

（最大氏名） 棚瀬海都
（最大） 167

ポイント！ 問題16-1は先のデータ優先，16-2は後のデータ優先です。トレースするだけでなく，結果を見て，違いを認識しておきましょう。

解答

	入力データ		最大	最大氏名
	氏名	身長		
①	—	—		—
②	小椋			—
③	小椋			—
④	小椋			
②	林			
⑤	林			
②	齊藤			
③	齊藤			
④	齊藤			
②	長岡			
⑤	長岡			
②	棚瀬			
③	棚瀬			
④	棚瀬			

※氏名および最大氏名は，名字だけでよい

問題 16-3 次の５人の50m走データのうち，最も速い人の氏名と記録を求めるフローチャートにおいて，トレースを行いなさい。ただし，同じ記録の場合は先の人を優先する。 ▶問題9-1

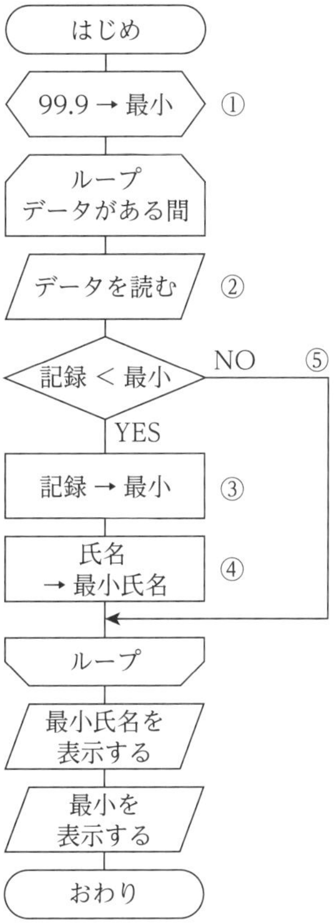

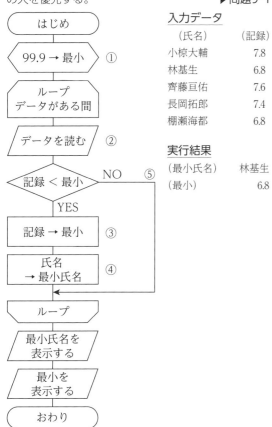

入力データ

（氏名）	（記録）
小椋大輔	7.8
林基生	6.8
齊藤亘佑	7.6
長岡拓郎	7.4
棚瀬海都	6.8

実行結果

（最小氏名）	林基生
（最小）	6.8

解答

	入力データ		最小	最小氏名
	氏名	記録		
①	—	—		—
②	小椋			—
③	小椋			—
④	小椋			
②	林			
③	林			
④	林			
②	齊藤			
⑤	齊藤			
②	長岡			
⑤	長岡			
②	棚瀬			
⑤	棚瀬			

※氏名および最小氏名は，名字だけでよい

問題 16-4 次の５人の50m走データのうち，最も速い人の氏名と記録を求めるフローチャートにおいて，トレースを行いなさい。ただし，同じ記録の場合は後の人を優先する。 ▶問題9-2

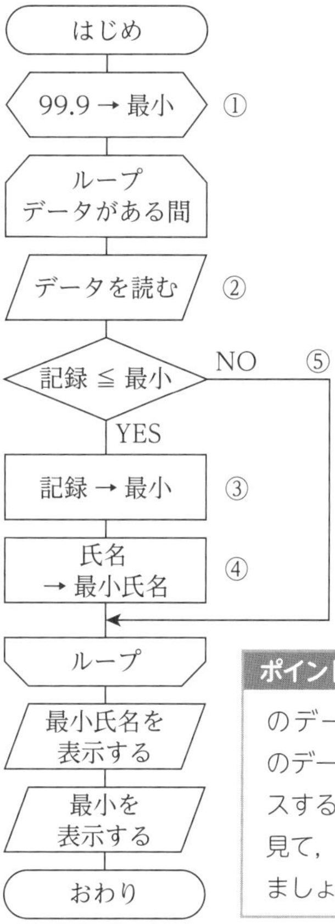

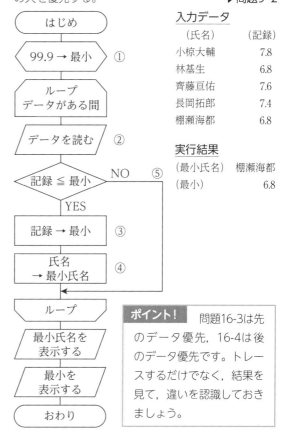

入力データ

（氏名）	（記録）
小椋大輔	7.8
林基生	6.8
齊藤亘佑	7.6
長岡拓郎	7.4
棚瀬海都	6.8

実行結果

（最小氏名）	棚瀬海都
（最小）	6.8

ポイント！ 問題16-3は先のデータ優先，16-4は後のデータ優先です。トレースするだけでなく，結果を見て，違いを認識しておきましょう。

解答

	入力データ		最小	最小氏名
	氏名	記録		
①	—	—		—
②	小椋			—
③	小椋			—
④	小椋			
②	林			
③	林			
④	林			
②	齊藤			
⑤	齊藤			
②	長岡			
⑤	長岡			
②	棚瀬			
③	棚瀬			
④	棚瀬			

※氏名および最小氏名は，名字だけでよい

17 配列・線形探索のトレース1

問題 17-1 各組の男女人数から組ごとの人数を計算して，配列 集計に保存した後，表示するフローチャートにおいて，ループ1までのトレースを行いなさい。

▶例題10

入力データ

(組)	(男子)	(女子)
1組	13	24
2組	13	24
3組	12	24
4組	9	29
5組	8	30
6組	13	22
7組	13	23

実行結果

(1組人数)	37
(2組人数)	37
(3組人数)	36
(4組人数)	38
(5組人数)	38
(6組人数)	35
(7組人数)	36

集計

(0)	(1)	(2)	(3)	(4)	(5)	(6)	(7)

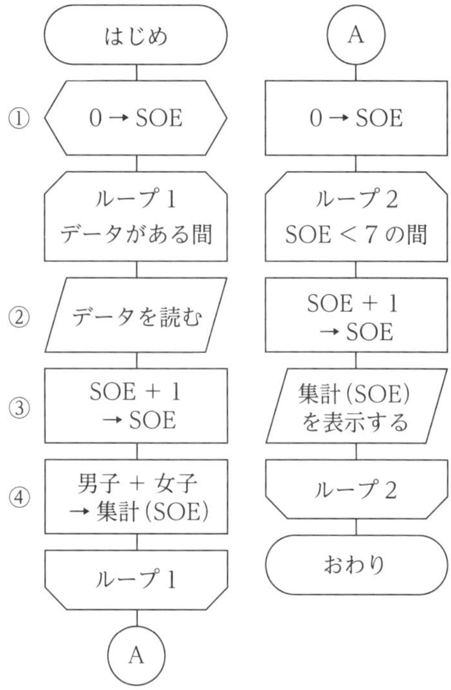

はじめ
①
0 → SOE
ループ1
データがある間
②
データを読む
③
SOE + 1
→ SOE
④
男子 + 女子
→ 集計(SOE)
ループ1
A
A
0 → SOE
ループ2
SOE < 7 の間
SOE + 1
→ SOE
集計(SOE)
を表示する
ループ2
おわり

解答

	入力データ			SOE	集計							
	組	男子	女子		(0)	(1)	(2)	(3)	(4)	(5)	(6)	(7)
①	—	—	—		—	—	—	—	—	—	—	—
②												
③												
④												
②												
③												
④												
②												
③												
④												
②												
③												
④												
②												
③												
④												
②												
③												
④												
②												
③												
④												

問題 17-2 背番号をもとに選手名を探索して表示するフローチャートにおいて，トレースを行いなさい。

▶例題11

入力データ	実行結果	
（背番号）	（背番号）	（選手名）
24	24	大西
17	17	松田
34	34	山中

	(0)	(1)	(2)	(3)	(4)
番号	14	17	24	25	34
選手名	秋月	松田	大西	江尻	山中

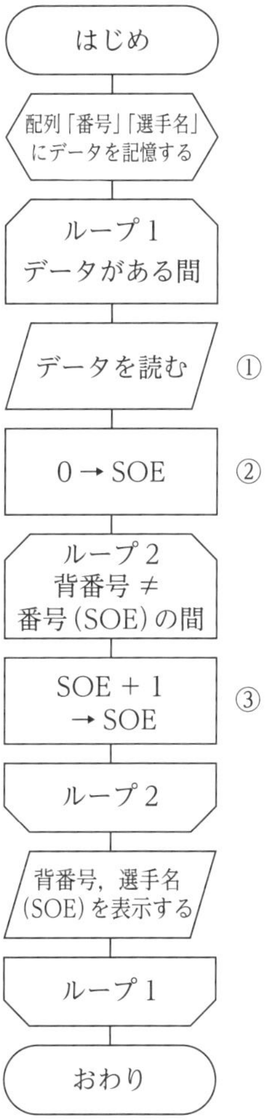

はじめ
配列「番号」「選手名」にデータを記憶する
ループ1
データがある間
データを読む
①
0 → SOE
②
ループ2
背番号 ≠
番号(SOE)の間
SOE + 1
→ SOE
③
ループ2
背番号，選手名(SOE)を表示する
ループ1
おわり

ポイント！ トレース表には，決まった作成方法はありません。自分でわかりやすいように作っても良いです。本書では，前の例題や問題で扱ったフローチャートをそのままトレースの問題として出題しています。例えば，単元10や11が理解できなかった場合，学習の順序を変更して単元17を先に演習するのも手です。

解答

	入力データ 背番号	SOE	番号(SOE)	選手名(SOE)
①		—	—	—
②				
③				
③				
①				
②				
③				
①				
②				
③				
③				
③				
③				

18 配列・線形探索のトレース2

問題 18-1 学校購買部の売上データの商品番号をもとに商品名と単価を探索して表示し，合計を求めるフローチャートにおいて，トレースを行いなさい。

▶問題11-2

入力データ

（売上番号）	（商品番号）
1	S1
2	D1
3	F2

実行結果

（商品名）	（単価）
筆記具	120
緑茶	90
パン	110
（合計）	320

コード

(0)	(1)	(2)	(3)	(4)
D1	D2	F1	F2	S1

商品名

(0)	(1)	(2)	(3)	(4)
緑茶	ジュース	おにぎり	パン	筆記具

単価

(0)	(1)	(2)	(3)	(4)
90	100	80	110	120

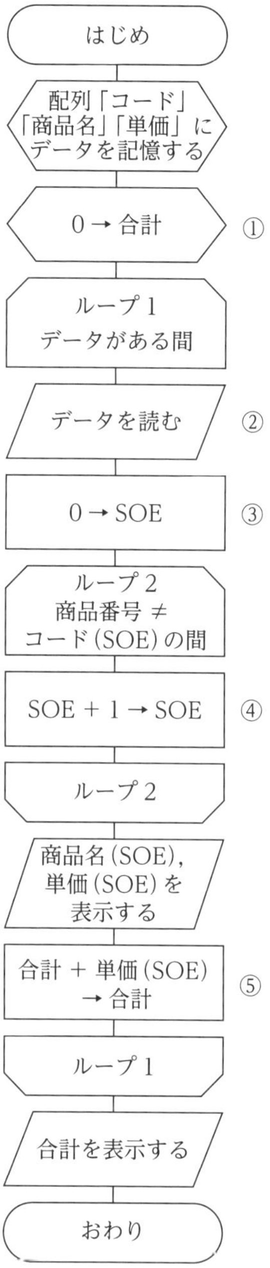

はじめ
配列「コード」「商品名」「単価」にデータを記憶する
0 → 合計
①
ループ1
データがある間
データを読む
②
0 → SOE
③
ループ2
商品番号 ≠ コード(SOE)の間
SOE + 1 → SOE
④
ループ2
商品名(SOE)，単価(SOE)を表示する
合計 + 単価(SOE) → 合計
⑤
ループ1
合計を表示する
おわり

解答

	入力データ		SOE	コード(SOE)	合計
	売上番号	商品番号			
①	—	—	—	—	
②					
③					
④					
④					
④					
④					
⑤					
②					
③					
⑤					
②					
③					
④					
④					
④					
⑤					

問題 18-2 試験の得点をもとに評価ランクを探索して表示するフローチャートにおいて，トレースを行いなさい。 ▶問題11-3

入力データ		実行結果	
(受験番号)	(得点)	(得点)	(ランク)
1	73	73	C
2	89	89	B
3	27	27	E
4	96	96	A
5	48	48	D

点数	(0)	(1)	(2)	(3)	(4)
	29	59	79	89	100

ランク	(0)	(1)	(2)	(3)	(4)
	E	D	C	B	A

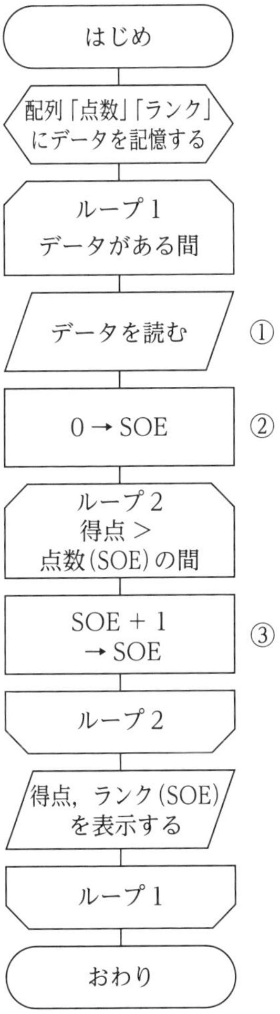

はじめ
配列「点数」「ランク」にデータを記憶する
ループ1
データがある間
データを読む
①
0 → SOE
②
ループ2
得点 >
点数(SOE)の間
SOE + 1
→ SOE
③
ループ2
得点，ランク(SOE)を表示する
ループ1
おわり

解答

	入力データ		SOE	点数(SOE)
	受験番号	得点		
①			—	—
②				
③				
③				
①				
②				
③				
③				
③				
①				
②				
①				
②				
③				
③				
③				
③				
①				
②				
③				

検印欄

◯執　筆——愛知県立豊橋商業高等学校教諭
岩田　智史

アルゴリズムドリル

表紙・本文基本デザイン
DESIGN + SLIM
松　利江子

◯編　者——実教出版編修部

◯発行者——小田　良次

◯印刷所——株式会社広済堂ネクスト

◯発行所—実教出版株式会社

〒102-8377
東京都千代田区五番町5
電話〈営業〉(03) 3238-7777
〈編修〉(03) 3238-7332
〈総務〉(03) 3238-7700
https://www.jikkyo.co.jp/

002402020　ISBN978-4-407-34956-6

アルゴリズムドリル

解答編

実教出版

24(02)

1 アルゴリズムと順序

例題 1 カレーの作り方

次の行動を，カレーが上手に作れる順番に並べ替えなさい。

- 鍋にルウを入れる
- 鍋で具材を炒める
- 鍋に水を入れる
- 野菜を切る
- 具材を煮込む

解答

野菜を切る
鍋で具材を炒める
鍋に水を入れる
具材を煮込む
鍋にルウを入れる

大まかにカレーの作り方を手順にすると上記のような感じとなります。もし，順番が入れ替わってしまうと上手に作れないでしょう。

このように，情報処理の世界では，仕事の処理手順を**流れ図（フローチャート）**で示します。この処理手順のことを**アルゴリズム**といいます。

問題 1 次の行動を，カレーをおいしく食べられる順番に並べ替え，空欄に記入しなさい。

- 鍋に水を入れる
- 盛り付けて食べる
- さらに煮込む
- 野菜を切る
- 具材を煮込む
- 包丁と鍋を準備する
- 鍋で具材を炒める
- 鍋にルウを入れる

解答

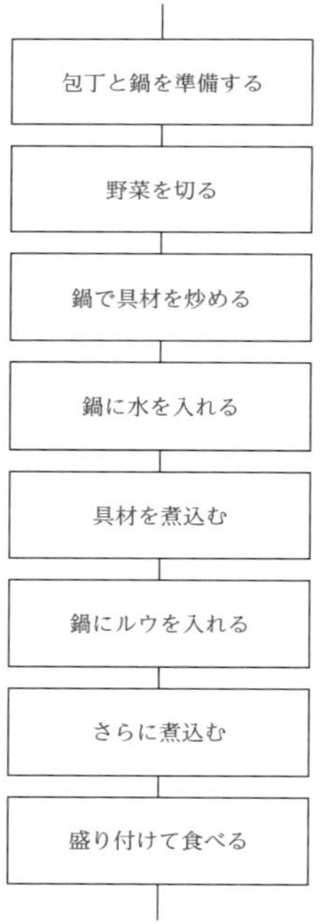
包丁と鍋を準備する
野菜を切る
鍋で具材を炒める
鍋に水を入れる
具材を煮込む
鍋にルウを入れる
さらに煮込む
盛り付けて食べる

ポイント！ カレーの作り方がわからない人は，家の人や家庭科の先生に聞いてみましょう。

2 流れ図記号とルール

覚えよう！

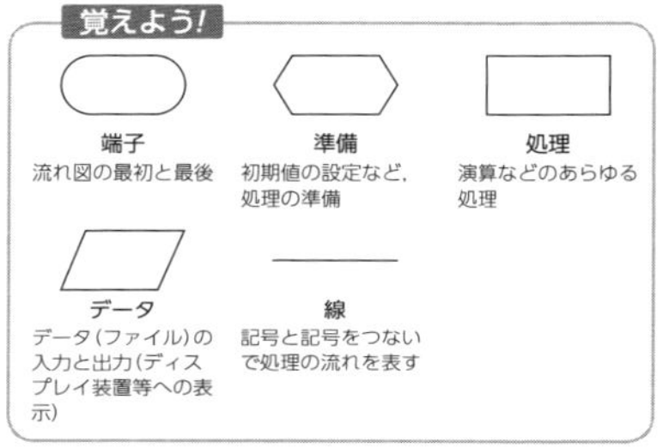
端子
流れ図の最初と最後
準備
初期値の設定など，処理の準備
処理
演算などのあらゆる処理
データ
データ（ファイル）の入力と出力（ディスプレイ装置等への表示）
線
記号と記号をつないで処理の流れを表す

例題 2 流れ図記号のルール

問題 1 を，流れ図記号を用いて表現しなさい。

解答

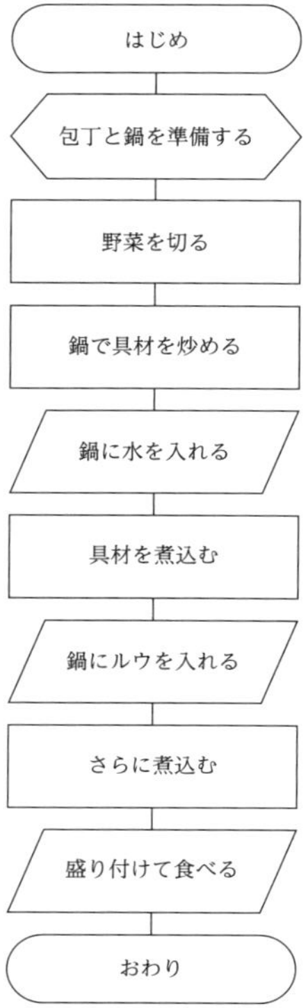
はじめ
包丁と鍋を準備する
野菜を切る
鍋で具材を炒める
鍋に水を入れる
具材を煮込む
鍋にルウを入れる
さらに煮込む
盛り付けて食べる
おわり

左記は一例です。“包丁と鍋を準備する”は**準備記号**で，“鍋に水を入れる”や“鍋にルウを入れる”は新たに材料を投入するため**（入力）データ記号**で，“盛り付けて食べる”は完成したカレーを提供するため**（出力）データ記号**で，その他は**処理記号**で表しました。

最初と最後に“はじめ”と“おわり”をつけて完成です。

問題 2 買い物をするときの行動を正しい順番に並べ替え，端子記号以外の空欄に記入しなさい。ただし，端子記号には適切な語句を記入しなさい。

- 商品をかごに入れる
- 代金を支払う
- レジに並ぶ
- 買い物かごを準備する
- 商品を受け取る

解答

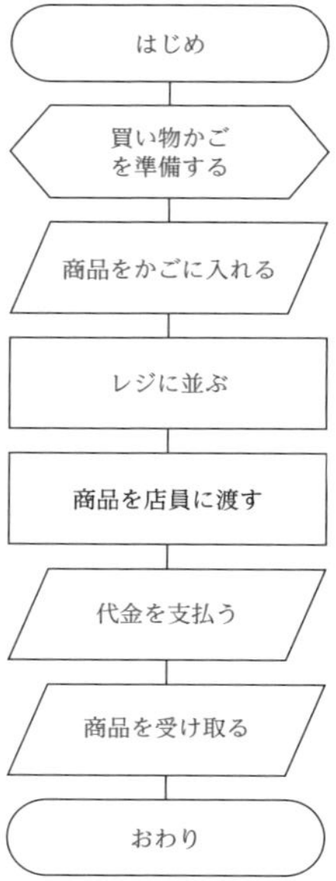
はじめ
買い物かご
を準備する
商品をかごに入れる
レジに並ぶ
商品を店員に渡す
代金を支払う
商品を受け取る
おわり

ポイント！ このように，日常生活でもアルゴリズムは活用されています。

3 条件判定による繰り返し

覚えよう!

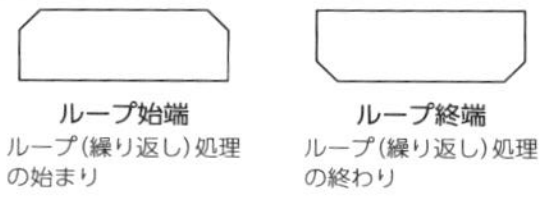
ループ始端
ループ(繰り返し)処理の始まり
ループ終端
ループ(繰り返し)処理の終わり

例題 3 条件判定による繰り返し

横断歩道を渡るときのルールを正しい順番に並べ替え，記入しなさい。ただし，同じものを2回選んでもよい。

- ・横断歩道を渡る
- ・左右を確認する
- ・横断歩道の前で止まる
- ・待つ
- ・信号機が赤の間
- ・信号機を見る

解答

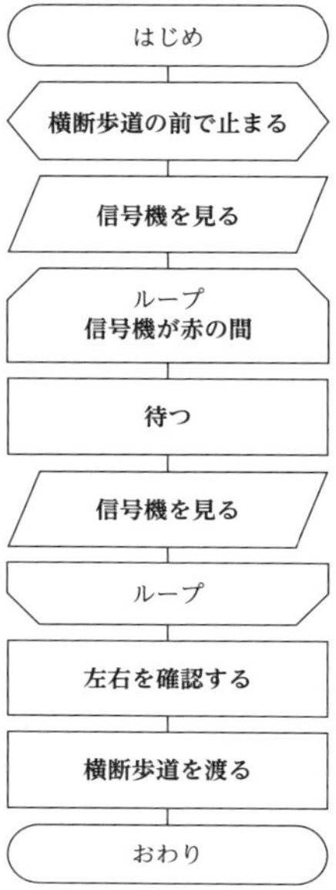
はじめ
横断歩道の前で止まる
信号機を見る
ループ
信号機が赤の間
待つ
信号機を見る
ループ
左右を確認する
横断歩道を渡る
おわり

ループ(繰り返し)は，何回も同じ処理をするときに使用します。ループを使わないと何度も同じ処理を記述しなければなりませんが，これですっきりとした，無駄のないフローチャートを作ることができます。

問題 3 踏切を渡るときのルールを正しい順番に並べ替え，記入しなさい。ただし，同じものを2回選んでもよい。

- ・踏切を渡る
- ・左右を確認する
- ・踏切の前で止まる
- ・待つ
- ・警報機が鳴っている間
- ・警報機を見る

解答

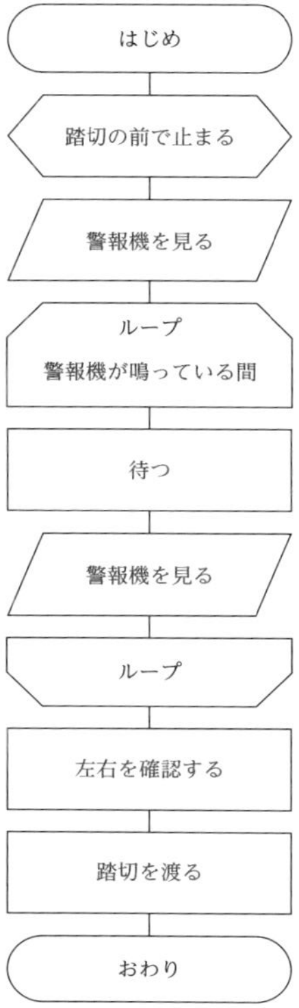
はじめ
踏切の前で止まる
警報機を見る
ループ
警報機が鳴っている間
待つ
警報機を見る
ループ
左右を確認する
踏切を渡る
おわり

ポイント! ここまでは日常生活のアルゴリズムを見てきましたが，次ページからはよりコンピュータに近い内容でアルゴリズムを学習しましょう。

4 回数判定による繰り返し

例題 4-1 回数判定による繰り返し1

1から5までの数値を，順番に画面に表示するために，正しい順番に並べ替え，記入しなさい。

- ・0 → 値
- ・値 < 5 の間
- ・値 + 1 → 値
- ・値を画面に表示

解答

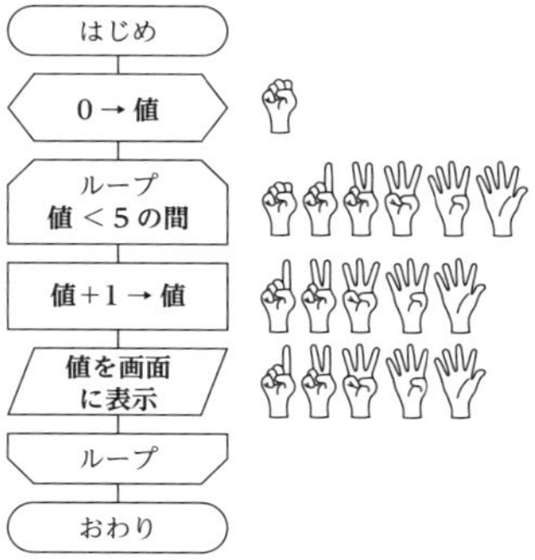
はじめ
0 → 値
ループ
値 < 5 の間
値+1 → 値
値を画面に表示
ループ
おわり

例題 4-2 回数判定による繰り返し2

1から5までの数値を，順番に画面に表示するために，正しい順番に並べ替え，記入しなさい。

- ・1 → 値
- ・値 ≦ 5 の間
- ・値 + 1 → 値
- ・値を画面に表示

解答

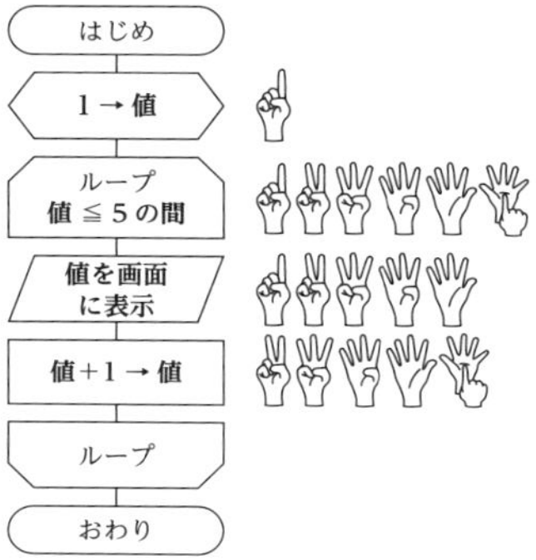
はじめ
1 → 値
ループ
値 ≦ 5 の間
値を画面に表示
値+1 → 値
ループ
おわり

“値 + 1 → 値”とは，値に1を足すことです。例題4-1と4-2では，始めの値の中身に0を準備するか1を準備するかによる違いで，処理が変わってきます。

問題 4-1 1から100までの数値を，順番に画面に表示するために，正しい順番に並べ替え，記入しなさい。ただし，使用しない選択肢もある。

- ・1 → 値
- ・値 + 1 → 値
- ・値 ≦ 100 の間
- ・値を画面に表示
- ・値 < 100 の間

解答

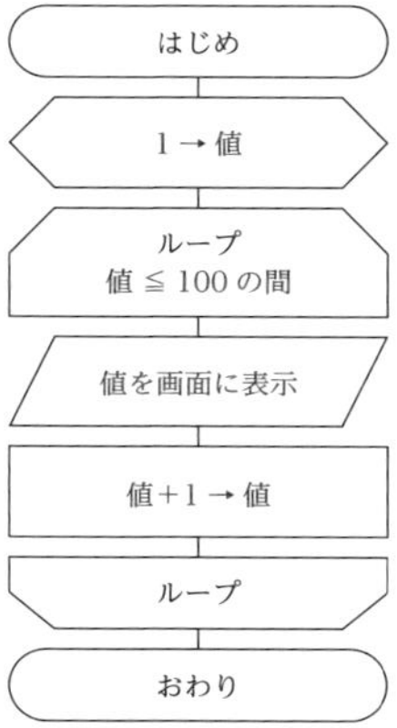
はじめ
1 → 値
ループ
値 ≦ 100 の間
値を画面に表示
値+1 → 値
ループ
おわり

問題 4-2 1から100までの数値を，順番に画面に表示するために，正しい順番に並べ替え，記入しなさい。

- ・値を画面に表示
- ・値は1から1ずつ増やして 値 ≦ 100 の間

解答

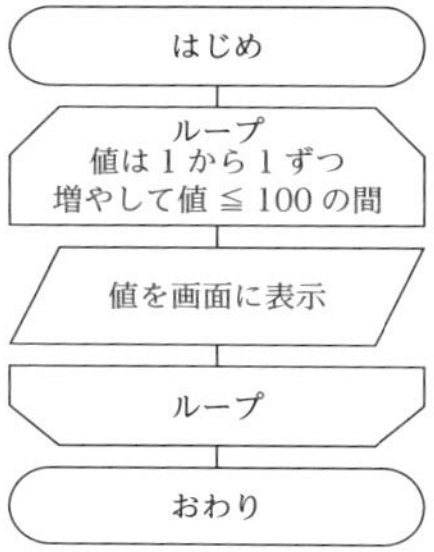
はじめ
ループ
値は1から1ずつ
増やして値 ≦ 100 の間
値を画面に表示
ループ
おわり

5 データの集計

覚えよう!

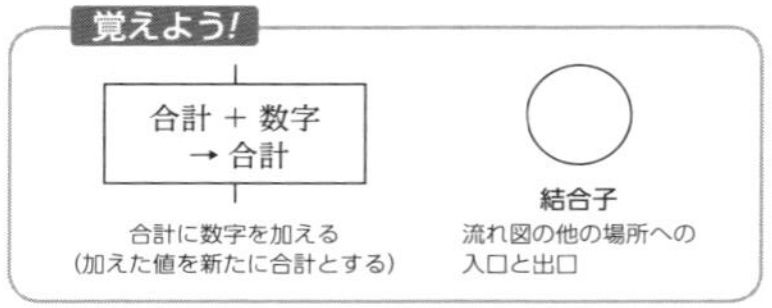

合計 + 数字
→ 合計
合計に数字を加える
(加えた値を新たに合計とする)
結合子
流れ図の他の場所への
入口と出口

例題 5　データの集計

以下の数字の合計を計算するために，正しい順番に並べ替え，記入しなさい。

入力データ	実行結果
17	(合計) 75
24	
34	

・合計 + 数字 → 合計　・合計を表示する
・数字がある間　・0 → 合計
・数字を読む

解答

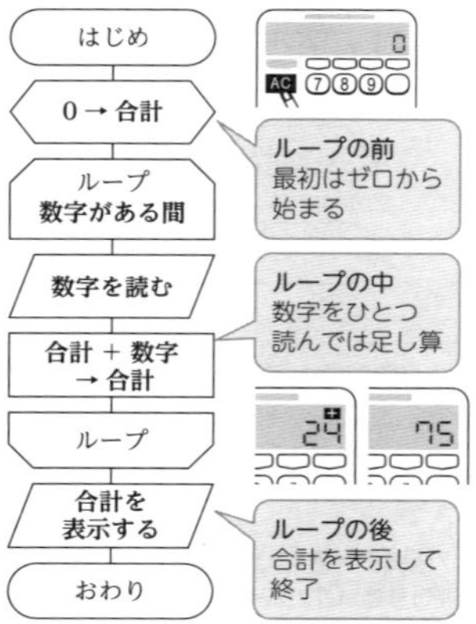

はじめ
0 → 合計
ループ
数字がある間
数字を読む
合計 + 数字
→ 合計
ループ
合計を
表示する
おわり
ループの前
最初はゼロから
始まる
ループの中
数字をひとつ
読んでは足し算
ループの後
合計を表示して
終了

ここからの処理は，ループの前・ループの中・ループの後の，3分割で考えましょう。ループの前は，最初に1度だけ行いたい処理を記述します。ループの中は，何度も行う処理を記述します。ループの後は，最後に1度だけ行いたい処理を記述すれば完成です。

ちょうど，そろばんや電卓で見取算(複数の数字を合計する計算)を行っているのと同じ動きです。

問題 5-1 定期試験5教科の合計得点を計算するために，正しい順番に並べ替え，記入しなさい。

入力データ		実行結果	
(教科)	(得点)	(合計)	345
国語	68		
数学	73		
社会	81		
理科	64		
英語	59		

・データを読む
・データがある間
・合計を表示する
・0 → 合計
・合計 + 得点 → 合計

解答

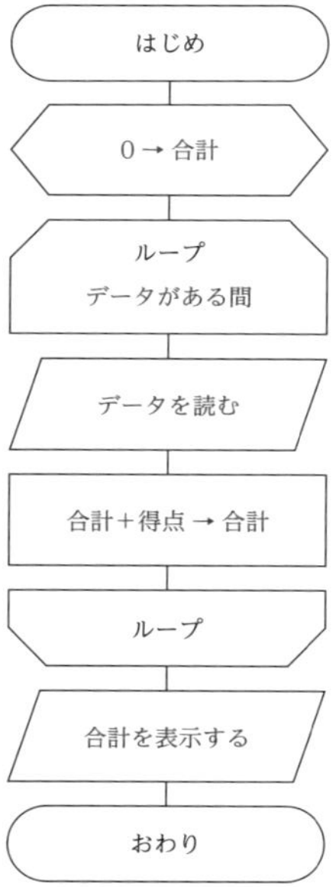

はじめ
0 → 合計
ループ
データがある間
データを読む
合計 + 得点 → 合計
ループ
合計を表示する
おわり

ポイント! 例題の解説にあるような基本形を覚えてしまえば，あとは状況に合わせて処理を選んだり加えるだけです。

問題 5-2 各組の男女人数から，学年全体の男女合計を計算するために，正しい順番に並べ替え，記入しなさい。

入力データ			実行結果	
(組)	(男子)	(女子)	(男子合計)	81
1組	13	24	(女子合計)	176
2組	13	24		
3組	12	24		
4組	9	29		
5組	8	30		
6組	13	22		
7組	13	23		

・男子合計を表示する
・データを読む
・0 → 男子合計
・女子合計 + 女子 → 女子合計
・データがある間
・女子合計を表示する

解答

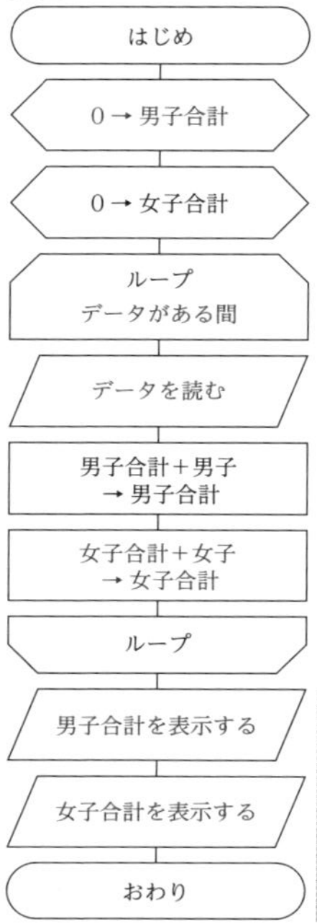

はじめ
0 → 男子合計
0 → 女子合計
ループ
データがある間
データを読む
男子合計 + 男子
→ 男子合計
女子合計 + 女子
→ 女子合計
ループ
男子合計を表示する
女子合計を表示する
おわり

ポイント! 「実行結果」が男子合計，女子合計の順になっているため，フローチャートの順序も合わせます。

問題 5-3 各組の男女人数から，各組の人数および学年全体の男女合計と学年合計を計算するために，正しい順番に並べ替え，記入しなさい。

入力データ			実行結果	
(組)	(男子)	(女子)	(1組人数)	37
1組	13	24	(2組人数)	37
2組	13	24	(3組人数)	36
3組	12	24	(4組人数)	38
4組	9	29	(5組人数)	38
5組	8	30	(6組人数)	35
6組	13	22	(7組人数)	36
7組	13	23	(男子合計)	81
			(女子合計)	176
			(学年合計)	257

・男子合計 + 男子 → 男子合計
・学年合計を表示する　・0 → 女子合計
・女子合計を表示する　・男子 + 女子 → 人数
・男子合計を表示する
・男子合計 + 女子合計 → 学年合計

解答

はじめ
0 → 男子合計
0 → 女子合計
ループ
データがある間
データを読む
男子 + 女子 → 人数
人数を表示する
男子合計 + 男子
→ 男子合計
女子合計 + 女子
→ 女子合計
ループ
A
A
男子合計 + 女子合計
→ 学年合計
男子合計を
表示する
女子合計を
表示する
学年合計を
表示する
おわり

ポイント! 男子と女子を合計した「人数」をこのタイミングで表示するため，それより前に男子と女子を加算して人数を計算しておきます。

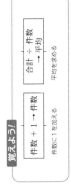

6 件数カウントと平均

覚えよう!

件数 + 1 → 件数	合計 ÷ 件数 → 平均
件数に 1 を加える	平均を求める

例題 6　件数カウントと平均

以下の数字の合計，件数，平均を計算するために，正しい順番に並べ替え，記入しなさい。

入力データ
17
24
34

実行結果
（合計）75　（件数）3
（平均）25

- ・0 → 件数
- ・合計 ÷ 件数 → 平均
- ・件数 + 1 → 件数
- ・平均を表示する
- ・合計，件数を表示する

解答

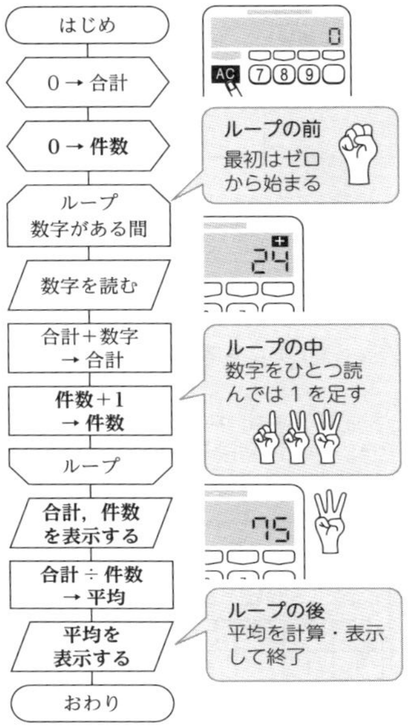

はじめ
0 → 合計
0 → 件数
ループ
数字がある間
数字を読む
合計＋数字
→ 合計
件数＋1
→ 件数
ループ
合計，件数
を表示する
合計 ÷ 件数
→ 平均
平均を
表示する
おわり
0
AC
7
8
9
ループの前
最初はゼロ
から始まる
24
ループの中
数字をひとつ読
んでは 1 を足す
75
ループの後
平均を計算・表示
して終了

問題 6-1 定期試験の教科数を計算するために，正しい順番に並べ替え，記入しなさい。

入力データ

（教科）	（得点）
国語	68
数学	73
社会	81
理科	64
英語	59

実行結果
（教科数）5

- ・データを読む
- ・データがある間
- ・教科数を表示する
- ・0 → 教科数
- ・教科数 + 1 → 教科数

解答

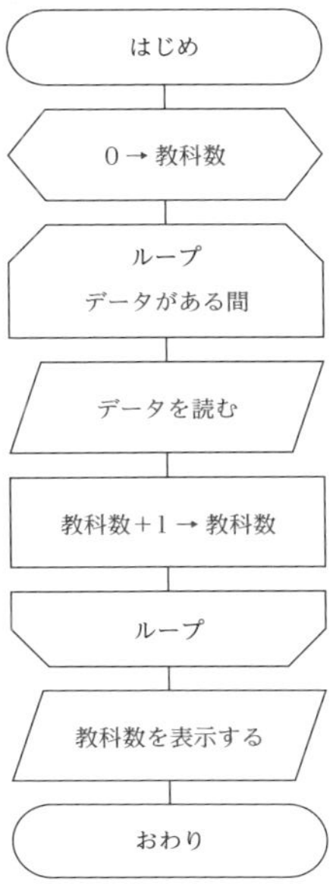

はじめ
0 → 教科数
ループ
データがある間
データを読む
教科数＋1 → 教科数
ループ
教科数を表示する
おわり

ポイント! 「合計 + 数字 → 合計」や「教科数 + 1 → 教科数」のように，“→”の左右に同じ項目がある場合は初期値にゼロを入れます。したがって，このような計算のない平均はあらかじめゼロを入れる必要はありません。

問題 6-2 定期試験 5 教科の平均得点を計算するために，正しい順番に並べ替え，記入しなさい。

入力データ

（教科）	（得点）
国語	68
数学	73
社会	81
理科	64
英語	59

実行結果
（平均）69

- ・0 → 合計
- ・合計 ÷ 教科数 → 平均
- ・教科数 + 1 → 教科数
- ・平均を表示する
- ・データを読む

解答

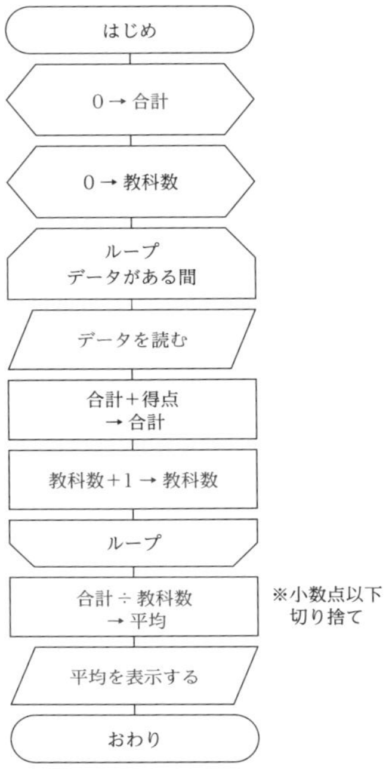

はじめ
0 → 合計
0 → 教科数
ループ
データがある間
データを読む
合計＋得点
→ 合計
教科数＋1 → 教科数
ループ
合計 ÷ 教科数
→ 平均
※小数点以下
切り捨て
平均を表示する
おわり

ポイント! どのような内容のデータでも入力データは 1 件ずつ読み込むため，「件数」(ここでは「教科数」)には 1 を加える処理をします。

問題 6-3 各組の男女人数から，学年全体の合計，組数，平均を計算するために，正しい順番に並べ替え，記入しなさい。

入力データ

（組）	（男子）	（女子）
1 組	13	24
2 組	13	24
3 組	12	24
4 組	9	29
5 組	8	30
6 組	13	22
7 組	13	23

実行結果
（合計）257
（組数）7
（平均）36

- ・合計を表示する
- ・合計 + 人数 → 合計
- ・0 → 組数
- ・平均を表示する
- ・合計 ÷ 組数 → 平均
- ・男子 + 女子 → 人数

解答

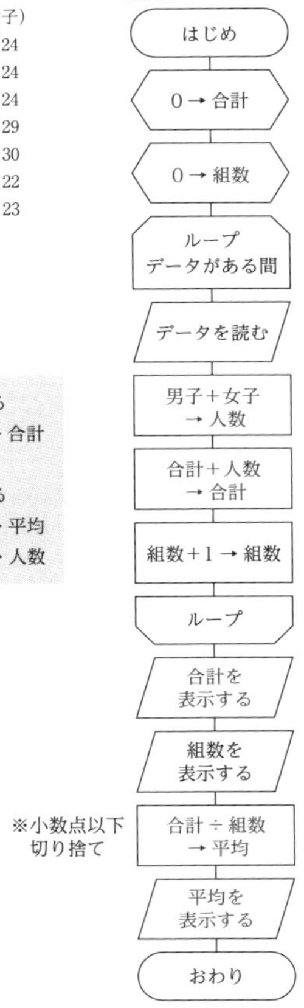

はじめ
0 → 合計
0 → 組数
ループ
データがある間
データを読む
男子＋女子
→ 人数
合計＋人数
→ 合計
組数＋1 → 組数
ループ
合計を
表示する
組数を
表示する
※小数点以下
切り捨て
合計 ÷ 組数
→ 平均
平均を
表示する
おわり

ポイント! 処理の順番をよく考えましょう。「人数」は入力データにはありません。したがって，合計に人数を加える前に人数を計算しておく必要があります。
「平均」についても同様で，平均を表示する前に計算をしておく必要があります。

7 二分岐

覚えよう!

比較演算子	=	≠	≧	>	≦	<
↓否定する	↓	↓	↓	↓	↓	↓
否定後の比較演算子	≠	=	<	≦	>	≧

不等号の < や > の反対は，≧ や ≦ です。
等号(=)が付いていないときは付け，付いているときは外すのが，正反対の意味となります。

例題 7-1 条件判定 1

以下の条件文を，フローチャートとして記入しなさい。

「20歳未満はお酒を飲んではいけない。」

・年齢が20未満の場合は飲酒に × を，
　それ以外の場合は ○ を記憶する。

解答

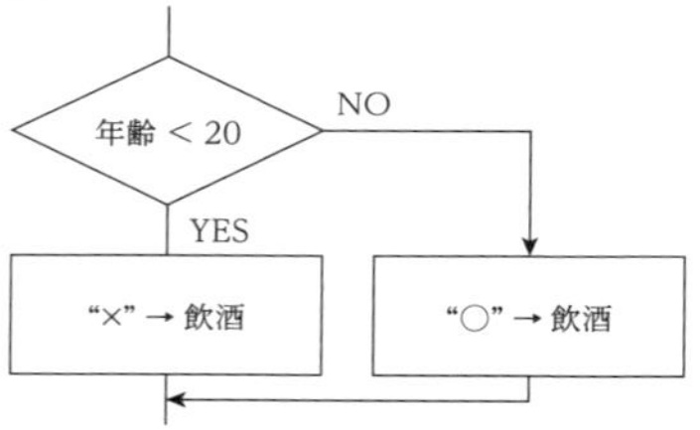
年齢 < 20
NO
YES
“×” → 飲酒
“○” → 飲酒

例題 7-2 条件判定 2

以下の条件文を，フローチャートとして記入しなさい。

「20歳以上はお酒を飲んでもよい。」

・年齢が20以上の場合は飲酒に ○ を，
　それ以外の場合は × を記憶する。

解答

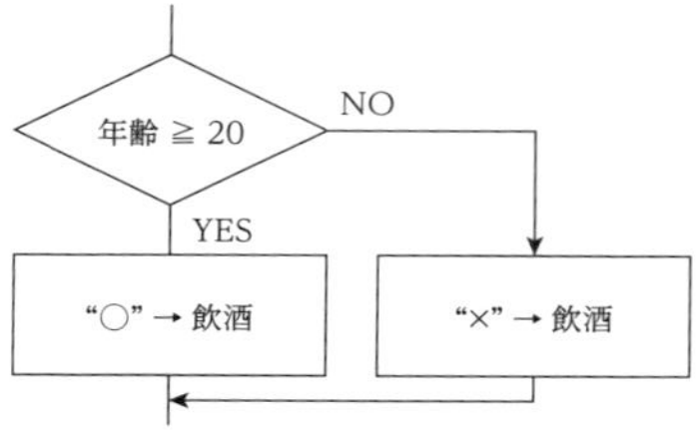
年齢 ≧ 20
NO
YES
“○” → 飲酒
“×” → 飲酒

問題 7-1 以下の条件文を，フローチャートとして記入しなさい。

「70点未満は補習となり，それ以外は合格とする。」

・点数が70未満の場合は判定に 補習 を，
　それ以外の場合は 合格 を記憶する。

解答

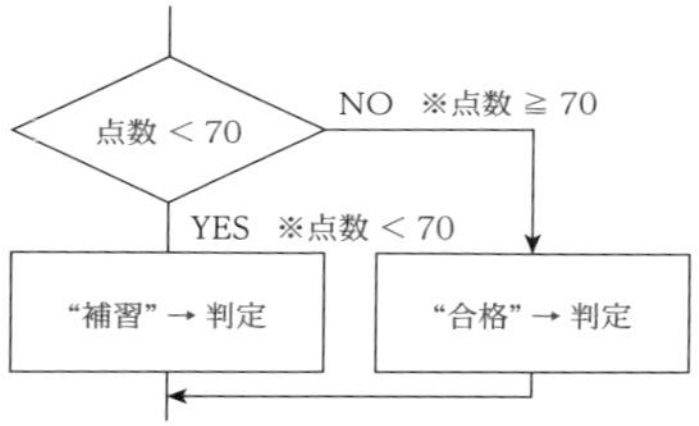
点数 < 70
NO ※点数 ≧ 70
YES ※点数 < 70
“補習” → 判定
“合格” → 判定

ポイント! YESやNOのところに条件式を書き込んでおくと整理しやすくなります。

問題 7-2 以下の条件文を，フローチャートとして記入しなさい。

「70点以上は合格となり，それ以外は補習とする。」

・点数が70以上の場合は判定に 合格 を，
　それ以外の場合は 補習 を記憶する。

解答

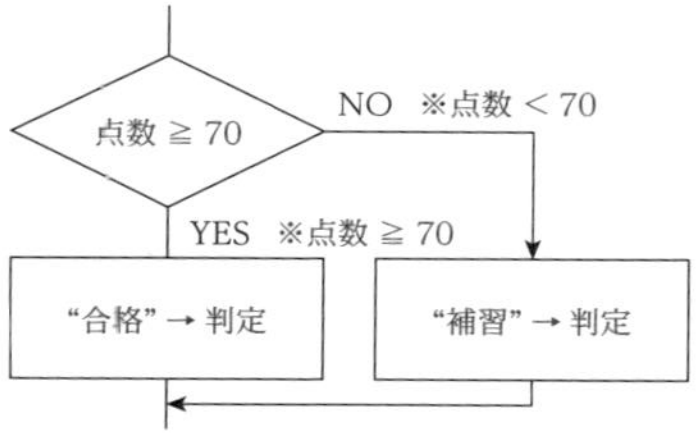
点数 ≧ 70
NO ※点数 < 70
YES ※点数 ≧ 70
“合格” → 判定
“補習” → 判定

ポイント! 20や70などの数値データには “ ” をつけません。“○” や “合格” などの文字データには “ ” をつけます。ただし，「年齢」や「点数」のような，中身のデータを用いたい場合は “ ” をつけないのがルールです。

問題 7-3 以下の条件文を，フローチャートとして記入しなさい。

「学生であれば学生割引となる。」

・区分が 学生 の場合は備考に 学生割引 を，
　それ以外の場合は空欄を記憶させる。

解答

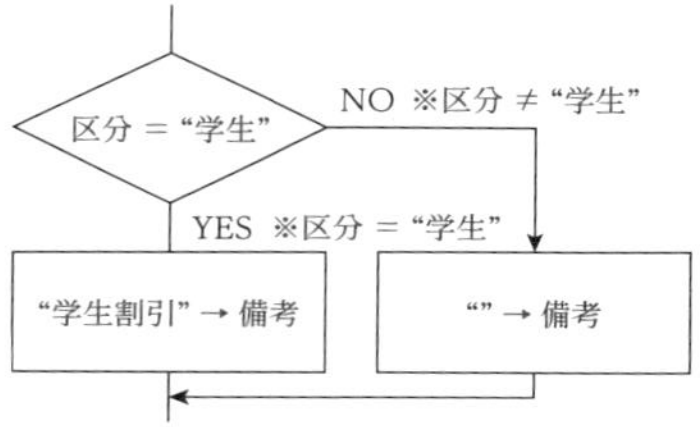
区分 = “学生”
NO ※区分 ≠ “学生”
YES ※区分 = “学生”
“学生割引” → 備考
“” → 備考

問題 7-4 以下の条件文を，フローチャートとして記入しなさい。

「学生であれば学生割引となる。」

・区分が 学生 以外の場合は備考に空欄を，
　それ以外の場合は 学生割引 を記憶させる。

解答

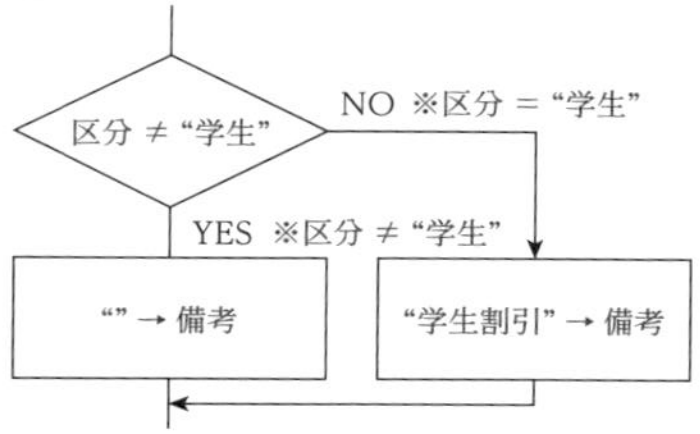
区分 ≠ “学生”
NO ※区分 = “学生”
YES ※区分 ≠ “学生”
“” → 備考
“学生割引” → 備考

ポイント! “”(ダブルコーテーション)は，文章での「」(かぎかっこ)のような役割をはたしています。空欄は“”とダブルコーテーション2つで表現します。

問題 7-5 以下の条件文を，フローチャートとして記入しなさい。

「区分コードが T であれば特別会員とし，
　それ以外は一般会員とする。」

・区分コードが T の場合は区分に 特別会員 を，
　それ以外の場合は 一般会員 を記憶させる。

解答

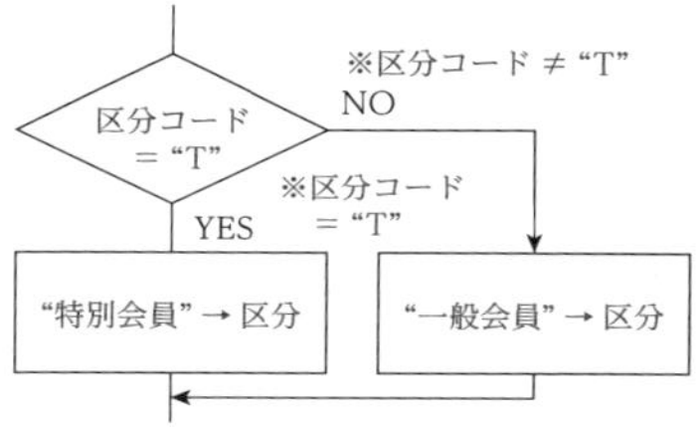
区分コード = “T”
※区分コード ≠ “T”
NO
※区分コード = “T”
YES
“特別会員” → 区分
“一般会員” → 区分

問題 7-6 以下の条件文を，フローチャートとして記入しなさい。

「区分コードが T であれば特別会員とし，
　それ以外は一般会員とする。」

・区分コードが T 以外の場合は区分に 一般会員 を，
　それ以外の場合は 特別会員 を記憶させる。

解答

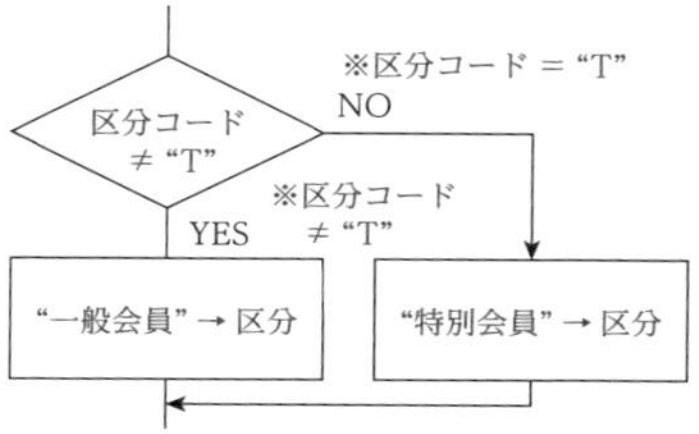
区分コード ≠ “T”
※区分コード = “T”
NO
※区分コード ≠ “T”
YES
“一般会員” → 区分
“特別会員” → 区分

ポイント! フローチャートでは“等しくない”を ≠ と表していますが，コンピュータ上のプログラミングでは，<> や != または NOT= などと表現します。同様に ≧ や ≦ も，コンピュータ上では1文字ずつ入力するため，>= や <= と表現します。

8 最大値

例題 8 最大値

次の４人の身長データのうち，最も高い人の身長を求めるために，正しい順番に並べ替え，記入しなさい。ただし，同じ身長の場合は先の人を優先する。

入力データ

（氏名）	（身長）
松浦茉里奈	146
寺下麻衣子	153
本多加苗	161
舩橋美月	155

実行結果

（最大） 161

・身長 > 最大　　・身長 → 最大
・最大を表示する　　・０ → 最大

解答

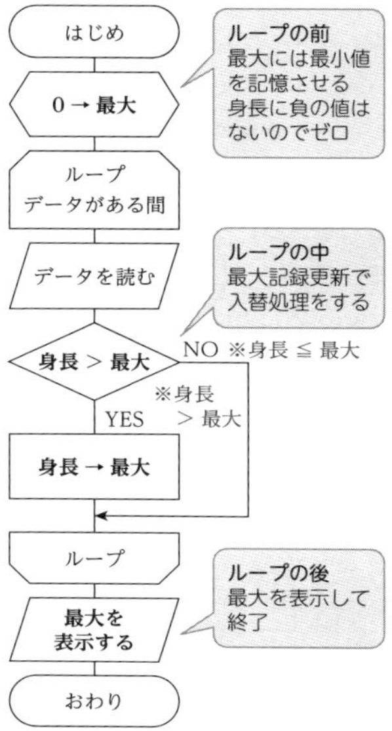
はじめ
0 → 最大
ループ
データがある間
データを読む
身長 > 最大
NO ※身長 ≦ 最大
YES ※身長 > 最大
身長 → 最大
ループ
最大を表示する
おわり
ループの前
最大には最小値を記憶させる
身長に負の値はないのでゼロ
ループの中
最大記録更新で入替処理をする
ループの後
最大を表示して終了

基本形は以上のとおりです。ただし，同じ身長の人がいるかどうかで判定処理の条件式が変わってきます。

同じ身長の人がいない　：身長 > 最大
同じ身長の場合は先の人を優先する　：身長 > 最大
同じ身長の場合は後の人を優先する　：身長 ≧ 最大

問題 8-1 次の５人の身長データのうち，最も高い人の氏名と身長を求めるために，正しい順番に並べ替え，記入しなさい。ただし，同じ身長の場合は先の人を優先する。

入力データ

（氏名）	（身長）
小椋大輔	159
林基生	158
齊藤亘佑	167
長岡拓郎	162
棚瀬海都	167

実行結果

（最大氏名） 齊藤亘佑
（最大） 167

・身長 → 最大
・０ → 最大
・身長 > 最大
・最大氏名を表示する

解答

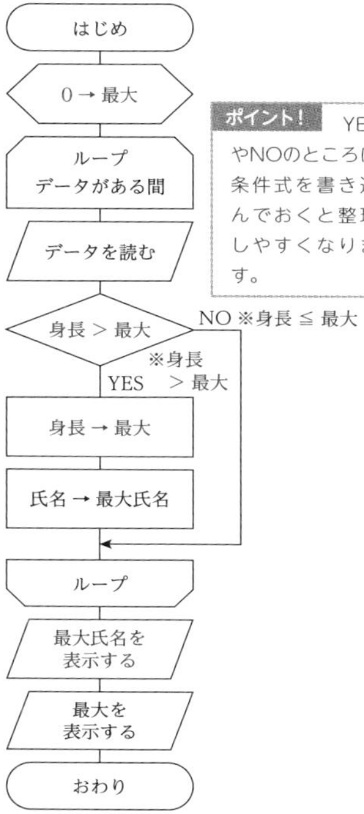
はじめ
0 → 最大
ループ
データがある間
データを読む
身長 > 最大
NO ※身長 ≦ 最大
YES ※身長 > 最大
身長 → 最大
氏名 → 最大氏名
ループ
最大氏名を表示する
最大を表示する
おわり

ポイント！ YESやNOのところに条件式を書き込んでおくと整理しやすくなります。

ポイント！ ループの前の準備処理では，「最大」に最小値を記憶させます。これは，１件目のデータを必ず最大値にするためです。これまでの，合計にゼロを記憶させる初期化とは意味が異なります。

問題 8-2 次の５人の身長データのうち，最も高い人の氏名と身長を求めるために，必要な処理を空欄に記入しなさい。ただし，同じ身長の場合は後の人を優先する。

入力データ

（氏名）	（身長）
小椋大輔	159
林基生	158
齊藤亘佑	167
長岡拓郎	162
棚瀬海都	167

実行結果

（最大氏名） 棚瀬海都
（最大） 167

解答

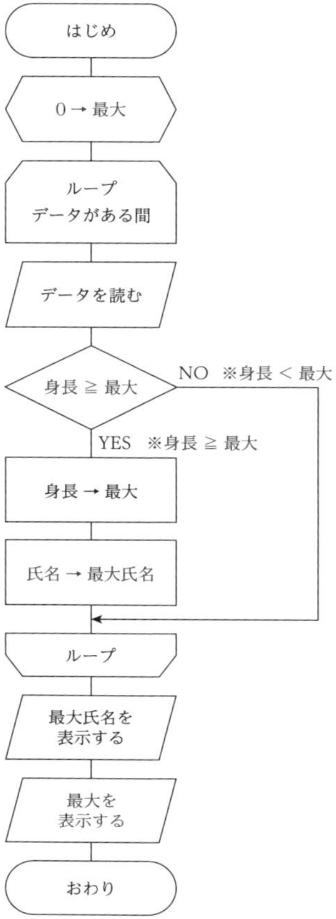
はじめ
0 → 最大
ループ
データがある間
データを読む
身長 ≧ 最大
NO ※身長 < 最大
YES ※身長 ≧ 最大
身長 → 最大
氏名 → 最大氏名
ループ
最大氏名を表示する
最大を表示する
おわり

問題 8-3 次の５人の身長データのうち，最も高い人の氏名と身長を求めるために，必要な処理を空欄に記入しなさい。ただし，同じ身長の場合は先の人を優先する。

入力データ

（氏名）	（身長）
小椋大輔	159
林基生	158
齊藤亘佑	167
長岡拓郎	162
棚瀬海都	167

実行結果

（最大氏名） 齊藤亘佑
（最大） 167

解答

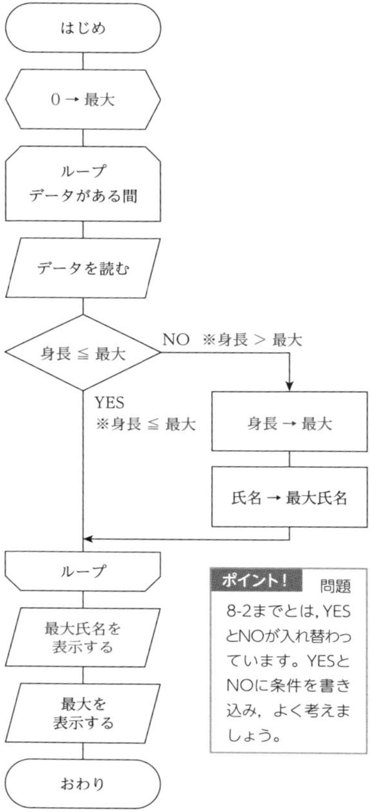
はじめ
0 → 最大
ループ
データがある間
データを読む
身長 ≦ 最大
NO ※身長 > 最大
YES ※身長 ≦ 最大
身長 → 最大
氏名 → 最大氏名
ループ
最大氏名を表示する
最大を表示する
おわり

ポイント！ 問題8-2までとは，YESとNOが入れ替わっています。YESとNOに条件を書き込み，よく考えましょう。

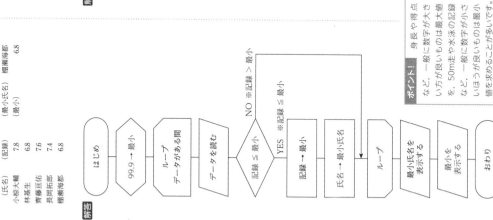

9 最小値

例題 9 最小値

次の４人の50m走データのうち，最も速い人の記録を求めるために，正しい順番に並べ替え，記入しなさい。ただし，同じ記録の場合は先の人を優先する。

入力データ

（氏名）	（記録）
松浦茉里奈	9.4
寺下麻衣子	8.9
本多加苗	9.7
舩橋美月	8.6

実行結果

（最小）　8.6

・記録 < 最小　　・記録 → 最小
・最小を表示する　　・99.9 → 最小

解答

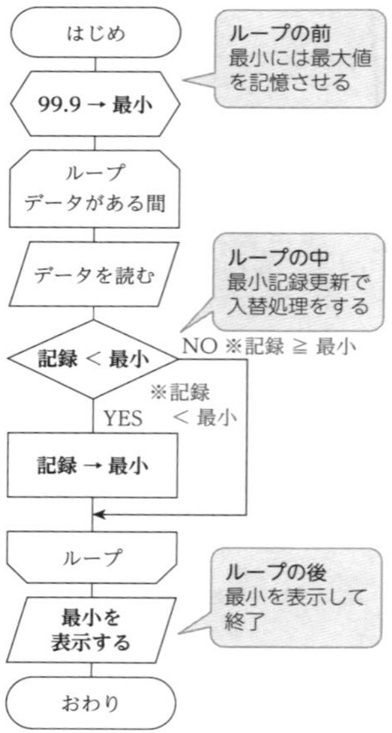

はじめ
99.9 → 最小
ループの前
最小には最大値を記憶させる
ループ
データがある間
データを読む
ループの中
最小記録更新で入替処理をする
記録 < 最小
NO ※記録 ≧ 最小
YES
※記録 < 最小
記録 → 最小
ループ
ループの後
最小を表示して終了
最小を表示する
おわり

最大値の処理とほとんど同じです。最大値同様，同じ記録の人がいるかどうかで判定処理の条件式が変わってきます。

同じ記録の人がいない　：記録 < 最小
同じ記録の場合は先の人を優先する　：記録 < 最小
同じ記録の場合は後の人を優先する　：記録 ≦ 最小

問題 9-1 次の５人の50m走データのうち，最も速い人の氏名と記録を求めるために，正しい順番に並べ替え，記入しなさい。ただし，同じ記録の場合は先の人を優先し，記録は99.9を超えるものはないものとする。

入力データ

（氏名）	（記録）
小椋大輔	7.8
林基生	6.8
齊藤亘佑	7.6
長岡拓郎	7.4
棚瀬海都	6.8

実行結果

（最小氏名）　林基生
（最小）　6.8

・記録 → 最小
・99.9 → 最小
・記録 < 最小
・最小氏名を表示する

解答

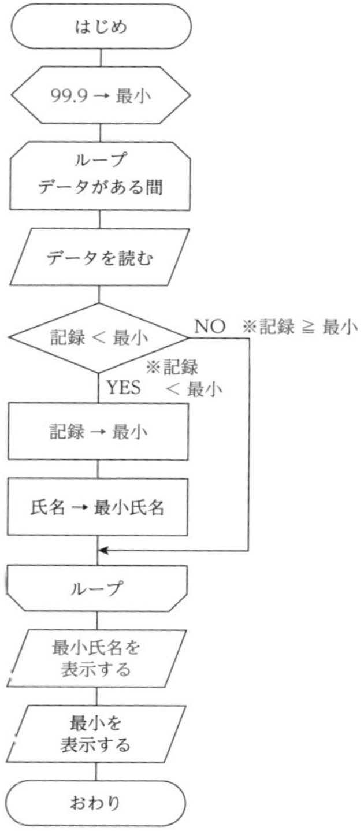

はじめ
99.9 → 最小
ループ
データがある間
データを読む
記録 < 最小
NO ※記録 ≧ 最小
YES
※記録 < 最小
記録 → 最小
氏名 → 最小氏名
ループ
最小氏名を表示する
最小を表示する
おわり

ポイント！ ループの前の準備処理では，「最小」に最大値を記憶させます。これは，１件目のデータを必ず最小値にするためです。

問題 9-2 次の５人の50m走データのうち，最も速い人の氏名と記録を求めるために，必要な処理を空欄に記入しなさい。ただし，同じ記録の場合は後の人を優先し，記録は99.9を超えるものはないものとする。

入力データ

（氏名）	（記録）
小椋大輔	7.8
林基生	6.8
齊藤亘佑	7.6
長岡拓郎	7.4
棚瀬海都	6.8

実行結果

（最小氏名）　棚瀬海都
（最小）　6.8

解答

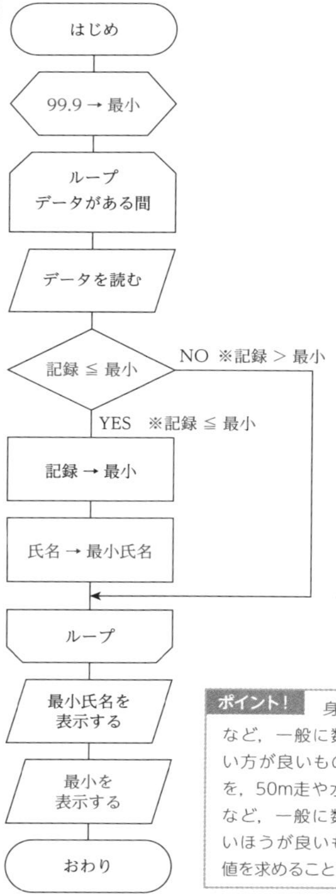

はじめ
99.9 → 最小
ループ
データがある間
データを読む
記録 ≦ 最小
NO ※記録 > 最小
YES ※記録 ≦ 最小
記録 → 最小
氏名 → 最小氏名
ループ
最小氏名を表示する
最小を表示する
おわり

ポイント！ 身長や得点など，一般に数字が大きい方が良いものは最大値を，50m走や水泳の記録など，一般に数字が小さいほうが良いものは最小値を求めることが多いです。

問題 9-3 次の５人の50m走データのうち，最も速い人の氏名と記録を求めるために，必要な処理を空欄に記入しなさい。ただし，同じ記録の場合は先の人を優先し，記録は99.9を超えるものはないものとする。

入力データ

（氏名）	（記録）
小椋大輔	7.8
林基生	6.8
齊藤亘佑	7.6
長岡拓郎	7.4
棚瀬海都	6.8

実行結果

（最小氏名）　林基生
（最小）　6.8

解答

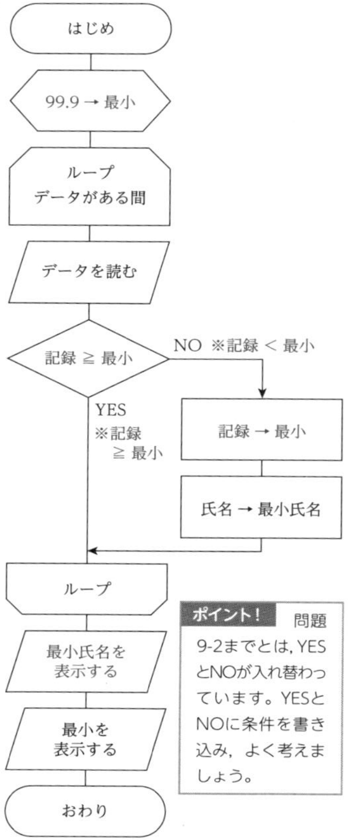

はじめ
99.9 → 最小
ループ
データがある間
データを読む
記録 ≧ 最小
NO ※記録 < 最小
YES
※記録 ≧ 最小
記録 → 最小
氏名 → 最小氏名
ループ
最小氏名を表示する
最小を表示する
おわり

ポイント！ 問題9-2までとは，YESとNOが入れ替わっています。YESとNOに条件を書き込み，よく考えましょう。

覚えよう!

これまでは，例えば「合計」の保存場所はひとつでしたが，同じようなデータを複数保存する場合は，**配列(テーブル)**が便利です。何番目のデータかは，(　)内の数値で表します。これを**添字(そえじ)**と呼びます。一戸建て住宅と集合住宅の部屋番号を想像すると捉えやすくなります。

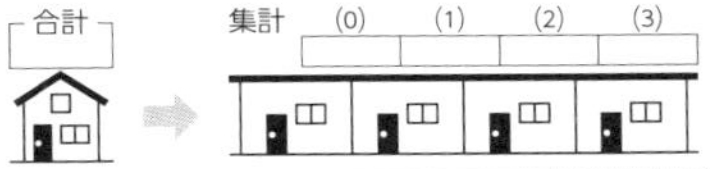
合計
集計
(0)
(1)
(2)
(3)

例題 10 配列

各組の男女人数から組ごとの人数を計算して，配列「集計」に保存したあと，表示するために，正しい順番に並べ替え，記入しなさい。

入力データ

(組)	(男子)	(女子)
1組	13	24
2組	13	24
3組	12	24
4組	9	29
5組	8	30
6組	13	22
7組	13	23

実行結果

(1組人数)	37
(2組人数)	37
(3組人数)	36
(4組人数)	38
(5組人数)	38
(6組人数)	35
(7組人数)	36

	(0)	(1)	(2)	(3)	(4)	(5)	(6)	(7)
集計								

・男子 + 女子 → 集計(SOE)
・集計(SOE)を表示する

解答

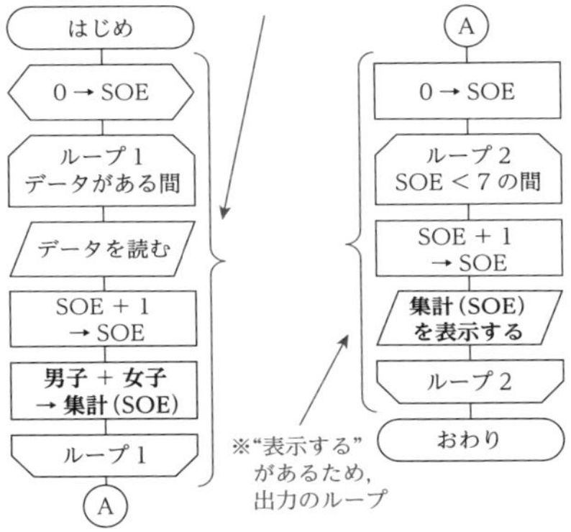
※“データを読む”があるため，入力のループ
はじめ
0 → SOE
ループ1
データがある間
データを読む
SOE + 1
→ SOE
男子 + 女子
→ 集計(SOE)
ループ1
A
A
0 → SOE
ループ2
SOE < 7 の間
SOE + 1
→ SOE
集計(SOE)
を表示する
ループ2
おわり
※“表示する”があるため，出力のループ

問題 10-1 各組の男女人数を配列「男」と配列「女」に保存したあと，組ごとの人数を計算して，表示するために，正しい順番に並べ替え，記入しなさい。

入力データ

(組)	(男子)	(女子)
1組	13	24
2組	13	24
3組	12	24
4組	9	29
5組	8	30
6組	13	22
7組	13	23

実行結果

(1組人数)	37
(2組人数)	37
(3組人数)	36
(4組人数)	38
(5組人数)	38
(6組人数)	35
(7組人数)	36

※ループ1のあと

	(0)	(1)	(2)	(3)	(4)	(5)	(6)	(7)
男		13	13	12	9	8	13	13
女		24	24	24	29	30	22	23

・女子 → 女(SOE)
・SOE + 1 → SOE
・男(SOE) + 女(SOE) → 人数

解答

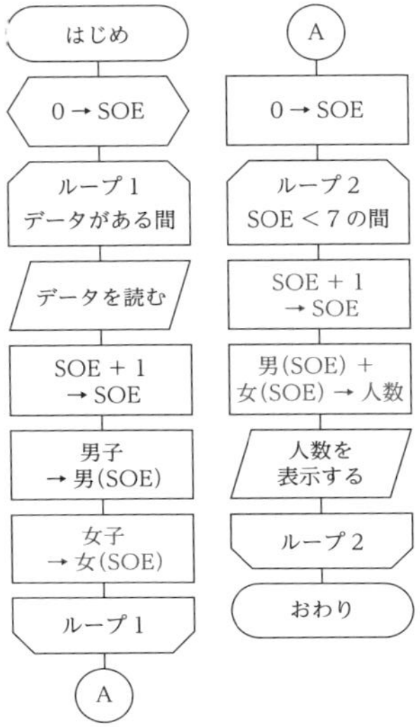
はじめ
0 → SOE
ループ1
データがある間
データを読む
SOE + 1
→ SOE
男子
→ 男(SOE)
女子
→ 女(SOE)
ループ1
A
A
0 → SOE
ループ2
SOE < 7 の間
SOE + 1
→ SOE
男(SOE) +
女(SOE) → 人数
人数を
表示する
ループ2
おわり

この問題と先の例題10では，添字0番目は使っていません。1組であれば添字1番目にデータを保存した方が分かりやすいためです。このように，組と添字の数値を合わせるような使い方を，**添字で対応する**といいます。

問題 10-2 文化祭の発表の人気投票において，組ごとの得票数を配列「集計」に保存したあと，投票人数とともに表示するために，正しい順番に並べ替え，記入しなさい。

入力データ

(投票番号)	(組)
1	3
2	7
3	2
≀	≀
540	6

実行結果

(1組得票数)	60
(2組得票数)	77
(3組得票数)	62
(4組得票数)	109
(5組得票数)	93
(6組得票数)	86
(7組得票数)	53
(人数)	540

※初期化し，ループ1に入る前

人数 0

	(0)	(1)	(2)	(3)	(4)	(5)	(6)	(7)
集計	0	0	0	0	0	0	0	0

・人数を表示する
・人数 + 1 → 人数
・集計(SOE)を表示する
・1 → SOE
・配列 集計を初期化する

ポイント! 初期化とは，ゼロや空白を保存することです。「集計」の配列には人数を加算するため，最初にゼロを記憶させます。

解答

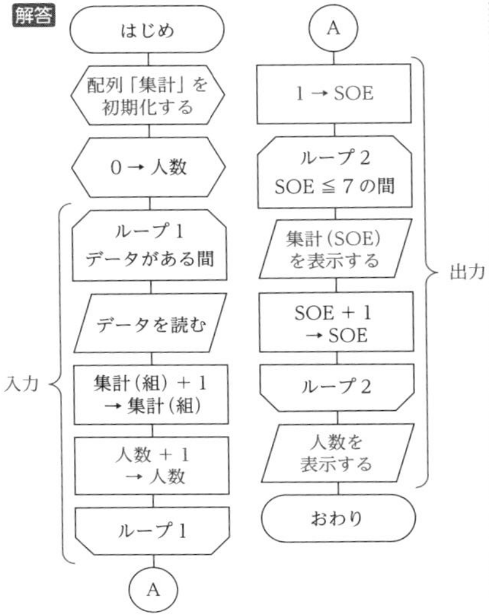
はじめ
配列「集計」を
初期化する
0 → 人数
ループ1
データがある間
データを読む
集計(組) + 1
→ 集計(組)
人数 + 1
→ 人数
ループ1
A
入力
A
1 → SOE
ループ2
SOE ≦ 7 の間
集計(SOE)
を表示する
SOE + 1
→ SOE
ループ2
人数を
表示する
おわり
出力

※ループ1のあと

人数 540

	(0)	(1)	(2)	(3)	(4)	(5)	(6)	(7)
集計	0	60	77	62	109	93	86	53

問題 10-3 文化祭の発表の人気投票において，組ごとの得票数を配列「集計」に保存したあと，投票人数とともに表示するために，正しい順番に並べ替え，記入しなさい。

入力データ

(投票番号)	(組)
1	3
2	7
3	2
≀	≀
540	6

実行結果

(1組得票数)	60
(2組得票数)	77
(3組得票数)	62
(4組得票数)	109
(5組得票数)	93
(6組得票数)	86
(7組得票数)	53
(人数)	540

※初期化し，ループ1に入る前

	(0)	(1)	(2)	(3)	(4)	(5)	(6)	(7)
集計	0	0	0	0	0	0	0	0

・1 → SOE
・集計(0) + 1 → 集計(0)
・集計(SOE)を表示する
・集計(0)を表示する

ポイント! この問題では，これまで使っていなかった配列の0番地(添字の0番目)を有効活用するため，0番地に合計人数を集計・保存しています。

解答

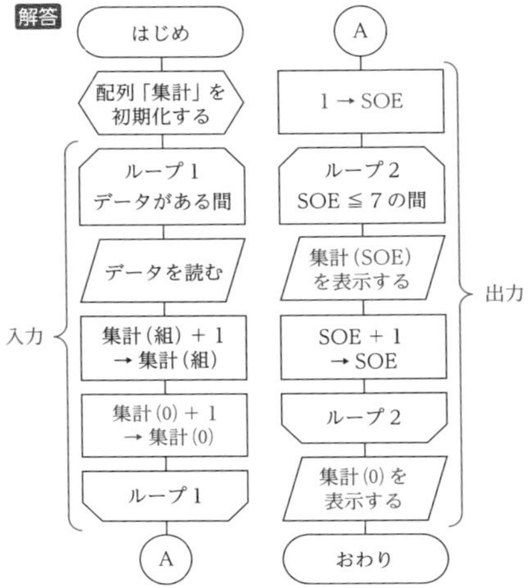
はじめ
配列「集計」を
初期化する
ループ1
データがある間
データを読む
集計(組) + 1
→ 集計(組)
集計(0) + 1
→ 集計(0)
ループ1
A
入力
A
1 → SOE
ループ2
SOE ≦ 7 の間
集計(SOE)
を表示する
SOE + 1
→ SOE
ループ2
集計(0)を
表示する
おわり
出力

※ループ1のあと

	(0)	(1)	(2)	(3)	(4)	(5)	(6)	(7)
集計	540	60	77	62	109	93	86	53

11 線形探索

例題 11 線形探索

背番号をもとに選手名を探索して表示するために，正しい順番に並べ替え，記入しなさい。

入力データ（背番号）	実行結果（背番号）	（選手名）
24	24	大西
17	17	松田
34	34	山中

	(0)	(1)	(2)	(3)	(4)
番号	14	17	24	25	34
選手名	秋月	松田	大西	江尻	山中

・SOE ＋ 1 → SOE
・0 → SOE

解答

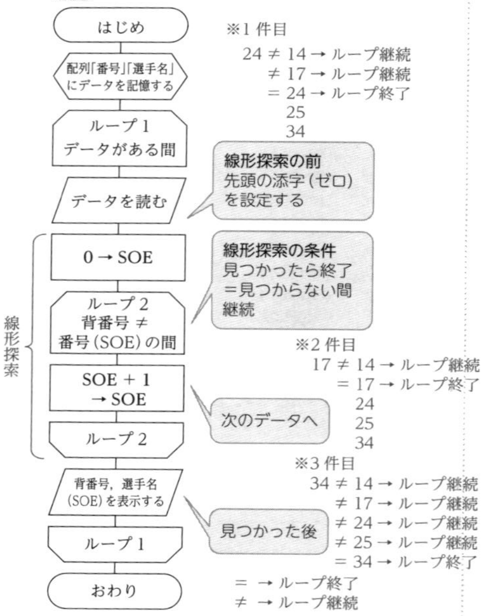

はじめ
配列「番号」「選手名」にデータを記憶する
ループ1 データがある間
データを読む
0 → SOE
ループ2 背番号 ≠ 番号(SOE)の間
SOE ＋ 1 → SOE
ループ2
背番号，選手名(SOE)を表示する
ループ1
おわり
線形探索
線形探索の前 先頭の添字(ゼロ)を設定する
線形探索の条件 見つかったら終了 =見つからない間継続
次のデータへ
見つかった後
※1 件目
24 ≠ 14 → ループ継続
≠ 17 → ループ継続
= 24 → ループ終了
25
34
※2 件目
17 ≠ 14 → ループ継続
= 17 → ループ終了
24
25
34
※3 件目
34 ≠ 14 → ループ継続
≠ 17 → ループ継続
≠ 24 → ループ継続
≠ 25 → ループ継続
= 34 → ループ終了
= → ループ終了
≠ → ループ継続

線形探索とは文字の通り，線の形(左から右，上から下)に順番にデータを探すアルゴリズムです。配列の先頭から探し始めるため，準備処理として添字にゼロを設定します。あとは見つかるまでの間，添字に1を加え続けます。

問題 11-1 学校購買部の売上データの商品番号をもとに商品名を探索して表示するために，正しい順番に並べ替え，記入しなさい。

入力データ（売上番号）	（商品番号）	実行結果（商品名）
1	S1	筆記具
2	D1	緑茶
3	F2	パン

	(0)	(1)	(2)	(3)	(4)
コード	D1	D2	F1	F2	S1
商品名	緑茶	ジュース	おにぎり	パン	筆記具

・0 → SOE
・SOE ＋ 1 → SOE
・商品名(SOE)を表示する
・商品番号 ≠ コード(SOE)の間

解答

はじめ
配列「コード」「商品名」にデータを記憶する
ループ1 データがある間
データを読む
0 → SOE
ループ2 商品番号 ≠ コード(SOE)の間
SOE ＋ 1 → SOE
ループ2
商品名(SOE)を表示する
ループ1
おわり
線形探索

ポイント! 配列「コード」と「商品名」は，添字で対応しています。添字で対応するとは，例えば0番目のコード"D1"は，商品名"緑茶"を意味しています。添字で対応していることが，線形探索では必須事項です。

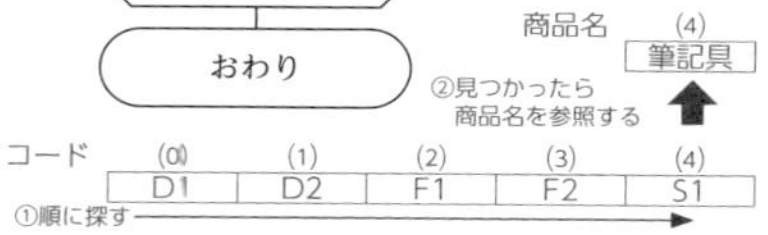

商品名
(4)
筆記具
②見つかったら商品名を参照する
コード
(0) (1) (2) (3) (4)
D1 D2 F1 F2 S1
①順に探す

問題 11-2 学校購買部の売上データの商品番号をもとに商品名と単価を探索して表示し，合計を求めるために，正しい順番に並べ替え，記入しなさい。

入力データ（売上番号）	（商品番号）	実行結果（商品名）	（単価）
1	S1	筆記具	120
2	D1	緑茶	90
3	F2	パン	110
		（合計）	320

	(0)	(1)	(2)	(3)	(4)
コード	D1	D2	F1	F2	S1
商品名	緑茶	ジュース	おにぎり	パン	筆記具
単価	90	100	80	110	120

・商品番号 ≠ コード(SOE)の間
・0 → 合計
・合計 ＋ 単価(SOE) → 合計
・合計を表示する

解答

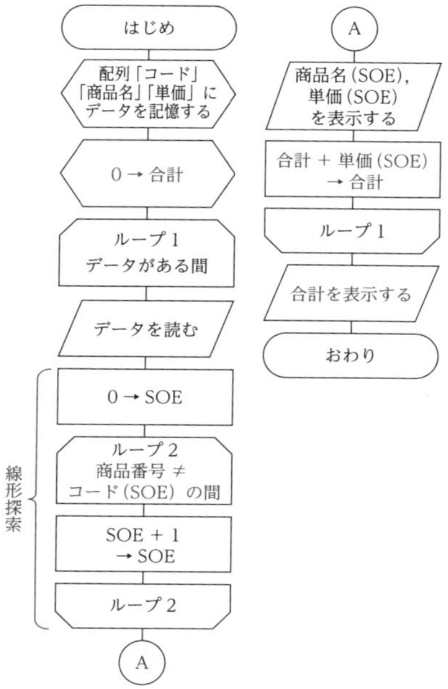

はじめ
配列「コード」「商品名」「単価」にデータを記憶する
0 → 合計
ループ1 データがある間
データを読む
0 → SOE
ループ2 商品番号 ≠ コード(SOE) の間
SOE ＋ 1 → SOE
ループ2
A
A
商品名(SOE)，単価(SOE)を表示する
合計 ＋ 単価(SOE) → 合計
ループ1
合計を表示する
おわり
線形探索

問題 11-3 試験の得点をもとに評価ランクを探索して表示するために，正しい順番に並べ替え，記入しなさい。

入力データ（受験番号）	（得点）	実行結果（得点）	（ランク）
1	73	73	C
2	89	89	B
3	27	27	E
4	96	96	A
5	48	48	D

	(0)	(1)	(2)	(3)	(4)
点数	29	59	79	89	100
ランク	E	D	C	B	A

・0 → SOE
・SOE ＋ 1 → SOE
・得点，ランク(SOE)を表示する
・得点 ＞ 点数(SOE)の間

解答

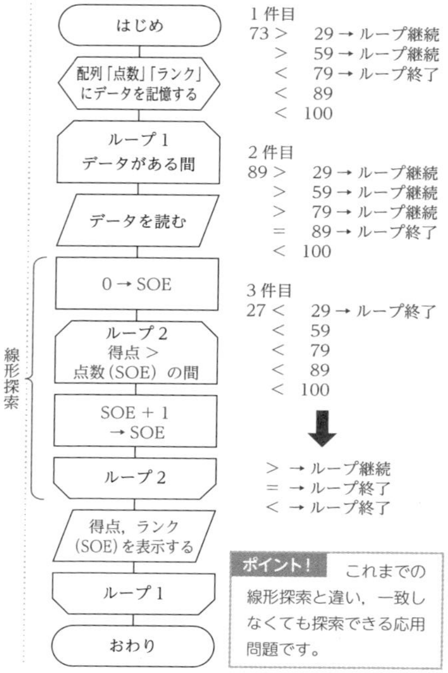

はじめ
配列「点数」「ランク」にデータを記憶する
ループ1 データがある間
データを読む
0 → SOE
ループ2 得点 ＞ 点数(SOE) の間
SOE ＋ 1 → SOE
ループ2
得点，ランク(SOE)を表示する
ループ1
おわり
線形探索
1 件目
73 ＞ 29 → ループ継続
＞ 59 → ループ継続
＜ 79 → ループ終了
＜ 89
＜ 100
2 件目
89 ＞ 29 → ループ継続
＞ 59 → ループ継続
＞ 79 → ループ継続
= 89 → ループ終了
＜ 100
3 件目
27 ＜ 29 → ループ終了
＜ 59
＜ 79
＜ 89
＜ 100
＞ → ループ継続
= → ループ終了
＜ → ループ終了

ポイント! これまでの線形探索と違い，一致しなくても探索できる応用問題です。

例題 12-1 多分岐 1

以下の条件文を，フローチャートとして記入しなさい。

「区分コードが T であれば 特別会員，I であれば 一般会員，それ以外は 新入会員 とする。」

⇒区分コードが T の場合は区分に 特別会員，I の場合は 一般会員，その他の場合は 新入会員 を記憶させる。

解答

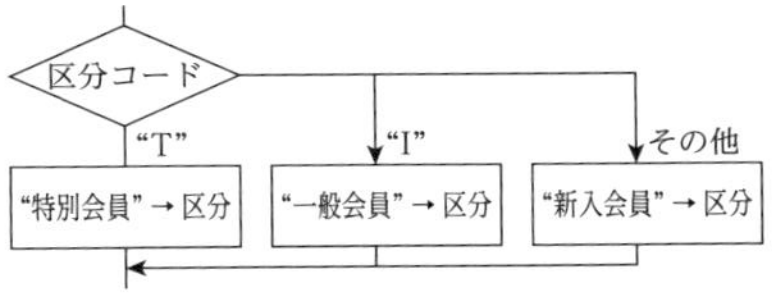

例題 12-2 多分岐 2

以下の条件文を，フローチャートとして記入しなさい。

「現在の時刻と12時を比較して，午前・正午・午後の判定を行う。」

⇒時刻が12時未満の場合は判定に 午前，時刻が12時と等しい場合は 正午，時刻が12時を超える場合は 午後 を記憶させる。

解答

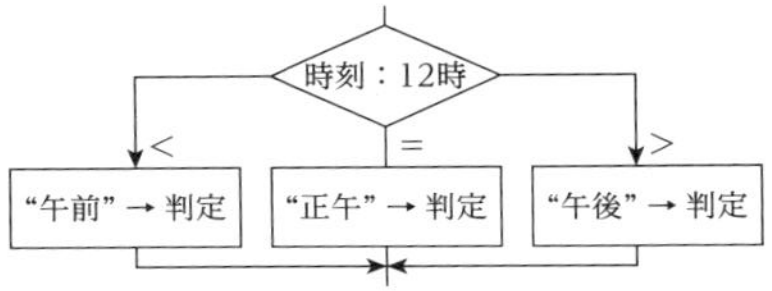

上記の多分岐フローチャートを，これまでの二分岐フローチャートで示すと，一例では下記のようになります。

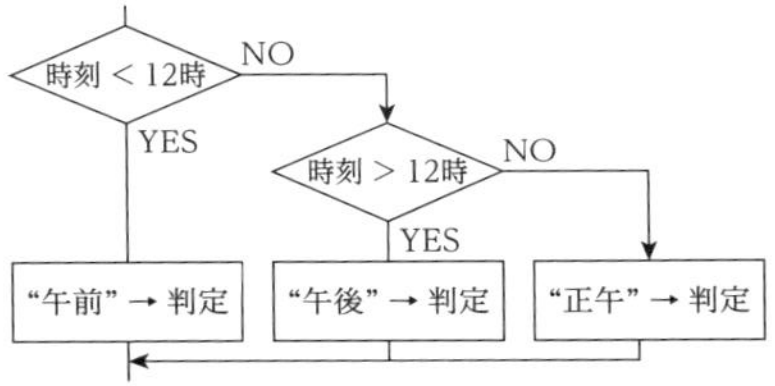

問題 12-1 以下の条件文を，フローチャートとして記入しなさい。

「学科コードが K であれば 経理科，J であれば 情報処理科，S であれば 商業科 とする。」

⇒学科コードが K であれば学科に 経理科，J であれば 情報処理科，S であれば 商業科 を記憶させる。

解答

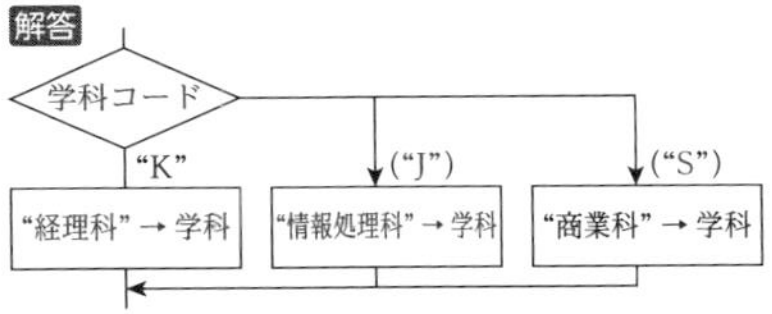

問題 12-2 以下の条件文を，フローチャートとして記入しなさい。

「自分の方が相手よりも年上であれば 先輩，同い年であれば 同級生，年下であれば 後輩 とする。」

⇒自分が相手を超える場合は判定に 先輩，自分と相手が等しい場合は 同級生，自分が相手未満の場合は 後輩 を記憶させる。

解答

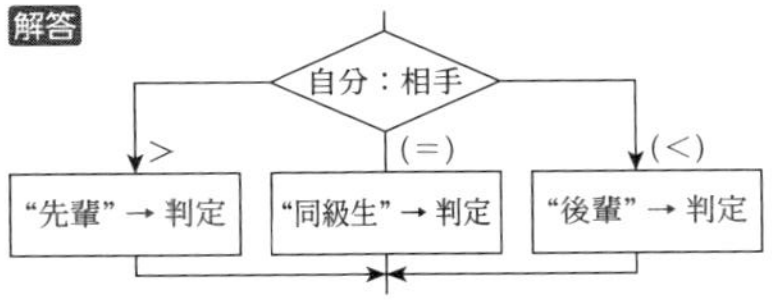

問題 12-3 問題 12－2 の条件文を，二分岐のみのフローチャートとして記入しなさい。

⇒自分が相手を超える場合は判定に 先輩，自分が相手未満の場合は 後輩，それ以外の場合は 同級生 を記憶させる。

解答

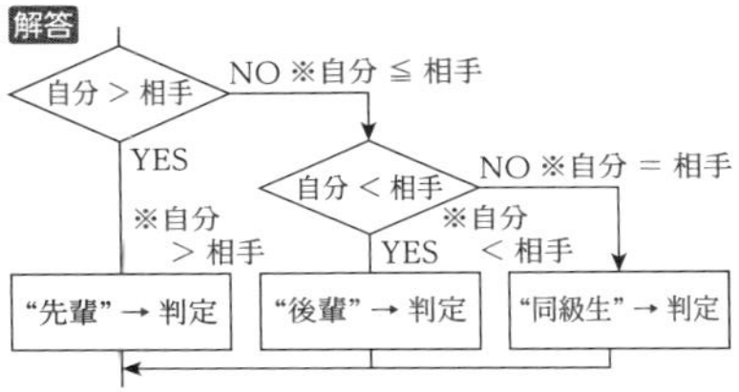

ポイント！ >，=，< の3通りの条件を判定するのには多分岐が便利です。ただし，二分岐を用いて3通りの条件を判定する場合もあるので，常に3通りの条件判定を意識しましょう。

問題 12-4 次の3人の実技テストの点数データを集計し，ランクを表示するために，正しい順番に並び替え，記入しなさい。

入力データ

(番号)	(点数)
1	4
2	5
3	3
1	1
2	4
3	2
1	3
2	3
3	4
1	1
2	5
3	4

実行結果

(生徒名)	(ランク)
大久保空良	C
酒井里緒	A
中西麻緒	B
(点数合計)	39

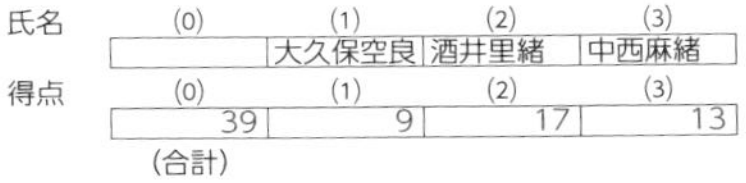

・得点(SOE)
・"B"→ランク
・得点(0) + 点数→得点(0)
・氏名(SOE)，ランクを表示する

解答

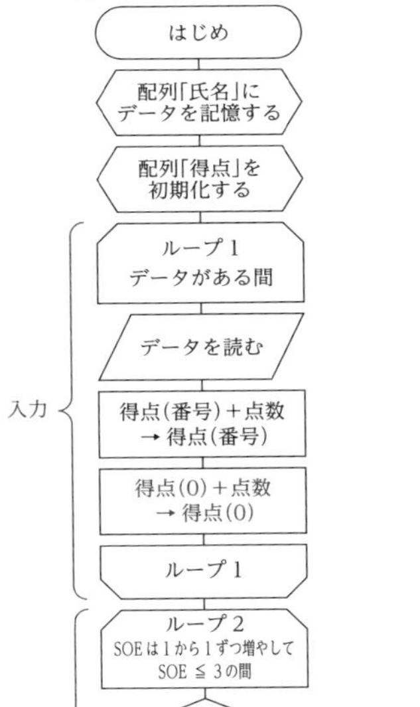

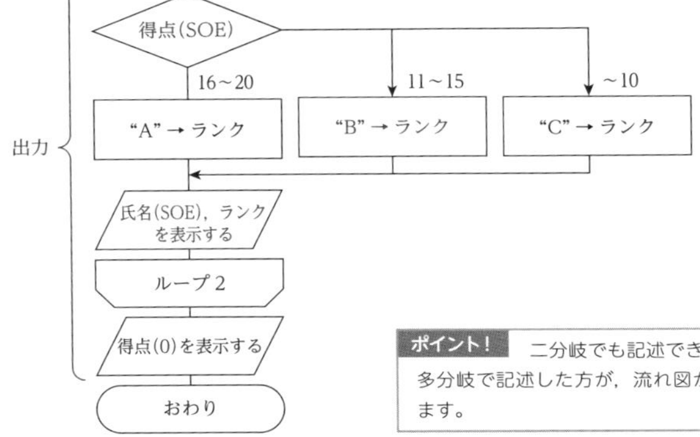

ポイント！ 多分岐の部分を二分岐で表すと，例えば下記のようになります。

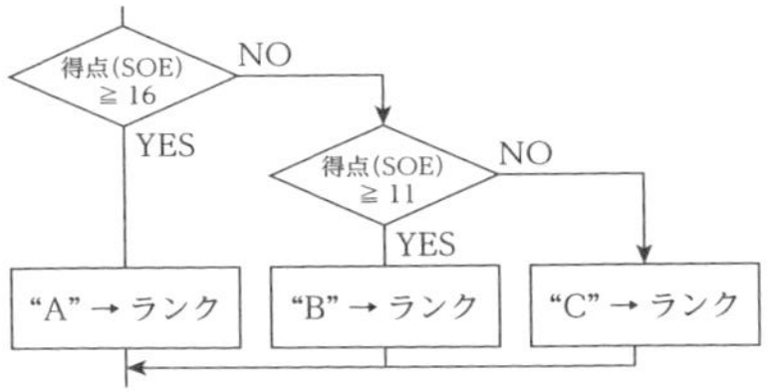

ポイント！ 二分岐でも記述できる処理ですが，多分岐で記述した方が，流れ図がすっきりとします。

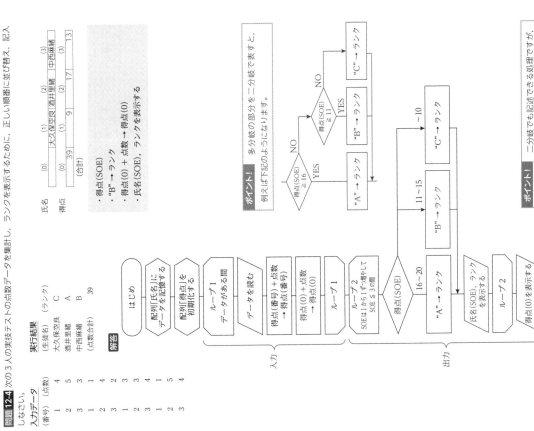

13 演習問題

問題 13-1 入学試験５教科の合計得点を求めるために，正しい順番に並べ替え，記入しなさい。ただし，最も得点の高い教科のみ点数を２倍にする。

入力データ

(教科)	(得点)
国語	68
数学	73
社会	81
理科	64
英語	59

実行結果

(合計)　426

・合計 + 得点 → 合計　・0 → 最大
・合計 + 最大 → 合計　・得点 > 最大
・データを読む

解答

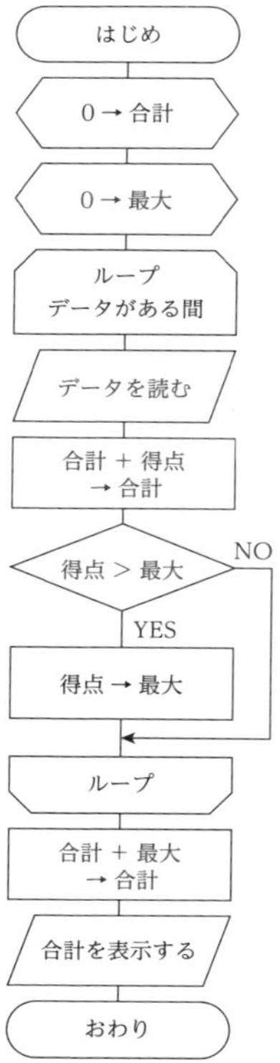

ポイント！ 最大点を求めるだけなので，同点の場合の処理は考慮しません。

ポイント！ ループ後はすでに５教科とも合計されているため，最大をもう一度加えれば「最も得点の高い教科のみ２倍」となります。

問題 13-2 ４科目で実施する検定試験の合否判定を行いたい。合計が70点以上で，かつ全科目が25点満点中10点以上ならば合格である。正しい順番に並べ替え，記入しなさい。

入力データ

(科目)	(得点)
商業簿記	21
会計学	9
工業簿記	19
原価計算	23

実行結果

(合計)　72
(合否)　不合格

・99 → 最小　・“合格” → 合否
・最小 < 10　・合否を表示する
・得点 < 最小

解答

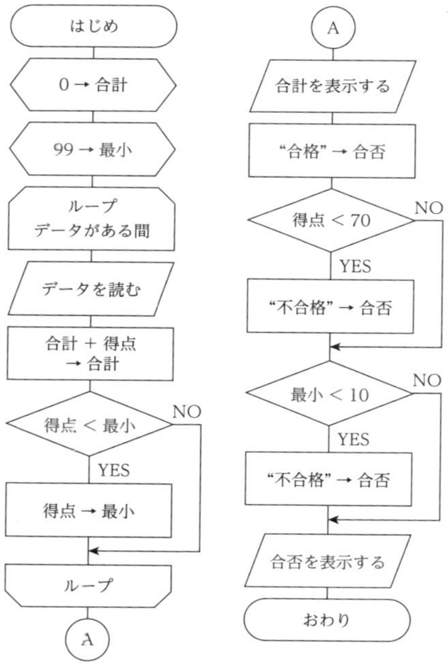

ポイント！ 最小点を求めるだけなので，同点の場合の処理は考慮しません。合否には予め“合格”を記憶させておき，不合格の条件になったら“不合格”を上書きします。

問題 13-3 ヤマダスーパー社内での接客コンテスト最終審査進出者４名の人気投票を行った。実行結果のように集計・表示するために，正しい順番に並べ替え，記入しなさい。なお，投票番号と各配列の添字は対応している。ただし，最多得票者を優勝者とし，最多得票が複数の場合はその全員が優勝である。

入力データ

(投票番号)
2
3
1
0
2
1
2
0
3
2
3

※もし，入力データに３がもう一つあり，同点優勝が出る場合には，実行結果の表示は赤字のようになります。

実行結果

(社員番号)	(社員名)	(得票数)	(備考)
22	井林結衣	2	
26	清水和美	2	
43	鈴村有美	4	優勝
102	栗本舞	~~3~~ 4	優勝

	(0)	(1)	(2)	(3)
Ban	22	26	43	102
Mei	井林結衣	清水和美	鈴村有美	栗本舞
Hyou				

・0 → 最大
・“優勝” → 備考
・Hyou(A) = 最大
・Hyou(A) > 最大
・Hyou(投票番号) + 1 → Hyou(投票番号)

ポイント！ 出力の判定の時，一度でも「“優勝” → 備考」を実行すると，備考の中身は“優勝”が保存され続けてしまいます。そこで，優勝者以外(NO)の時は“”(空白)を備考に保存し，“優勝”を消しておきます。

解答

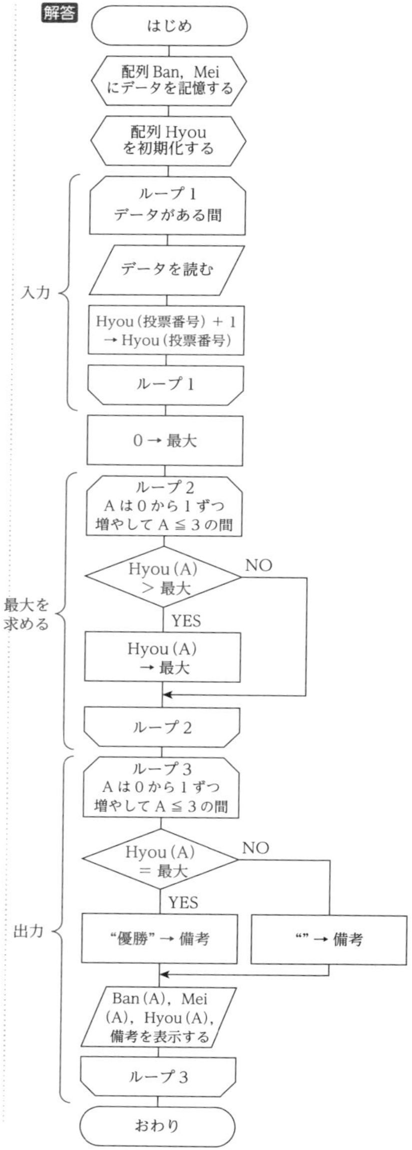

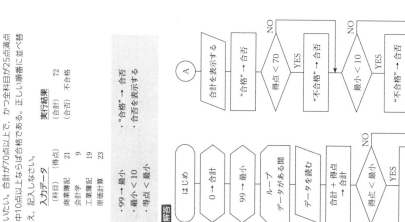

14 トレース表の利用

トレースとは，“追跡する”という意味です。フローチャートを順に追っていき，値の変化を調べます。これにより，設計の誤りを発見することができます。さらに，トレースをすることはアルゴリズムやプログラムの学習において，大切な基本となります。

例題 14-1 回数判定による繰り返し 1

1 から 5 までの数値を，順番に画面に表示するフローチャートにおいて，トレースを行いなさい。

▶例題4-1

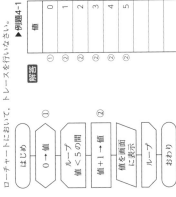

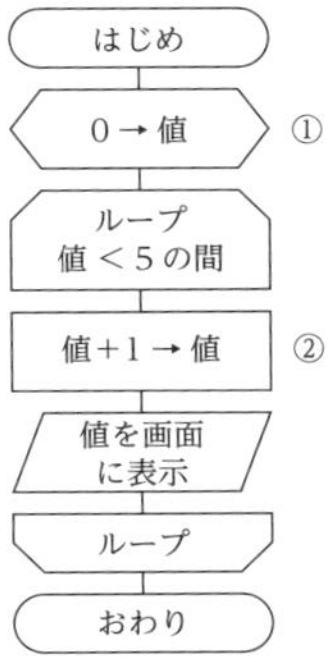

はじめ
0 → 値
①
ループ
値 < 5 の間
値 + 1 → 値
②
値を画面
に表示
ループ
おわり

解答

	値
①	0
②	1
②	2
②	3
②	4
②	5

例題 14-2 回数判定による繰り返し 2

1 から 5 までの数値を，順番に画面に表示するフローチャートにおいて，トレースを行いなさい。

▶例題4-2

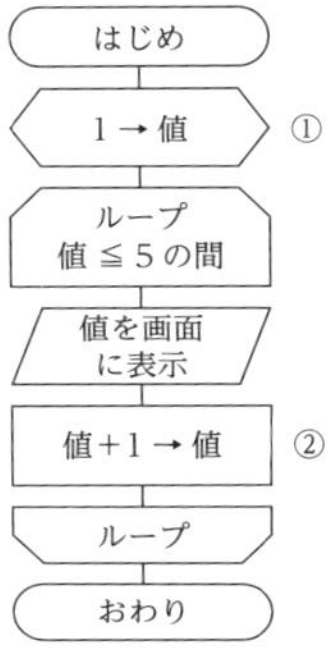

はじめ
1 → 値
①
ループ
値 ≦ 5 の間
値を画面
に表示
値 + 1 → 値
②
ループ
おわり

解答

	値
①	1
②	2
②	3
②	4
②	5
②	6

ポイント！ 表示処理を行った値に○を付ける，ループや分岐処理の条件式を書き込むなどの工夫をしても良いです。

左の例題14-1と例題14-2は，例題4-1と例題4-2で扱った，ともに 1 から 5 の数値を画面に表示するという簡単なフローチャートです。よく見ると，値の変化の仕方が違います。このような小さな違いを理解することがアルゴリズムの理解につながります。アルゴリズムが苦手な人ほど，トレースを大事にしましょう。

慣れないうちは，ゆっくりトレースすることが大切です。

問題 14-1 1 から10までの偶数の数値を，順番に画面に表示するフローチャートにおいて，トレースを行いなさい。

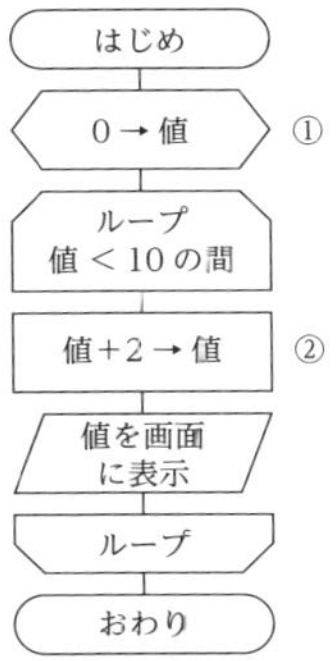

はじめ
0 → 値
①
ループ
値 < 10 の間
値 + 2 → 値
②
値を画面
に表示
ループ
おわり

解答

	値
①	0
②	2
②	4
②	6
②	8
②	10

問題 14-2 1 から10までの奇数の数値を，順番に画面に表示するフローチャートにおいて，トレースを行いなさい。

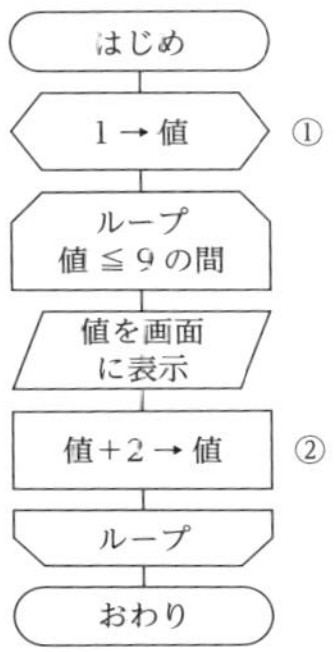

はじめ
1 → 値
①
ループ
値 ≦ 9 の間
値を画面
に表示
値 + 2 → 値
②
ループ
おわり

解答

	値
①	1
②	3
②	5
②	7
②	9
②	11

15 データ集計・件数カウントのトレース

問題 15-1 定期試験 5 教科の合計得点を計算するフローチャートにおいて，トレースを行いなさい。

▶問題5-1

入力データ

(教科)	(得点)
国語	68
数学	73
社会	81
理科	64
英語	59

実行結果

(合計)　345

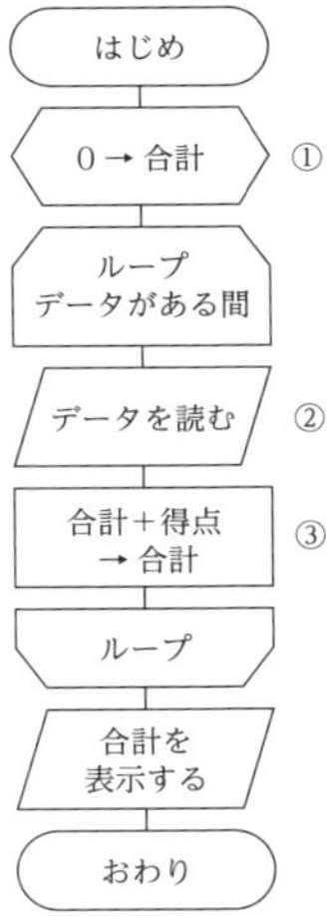

はじめ
0 → 合計
①
ループ
データがある間
データを読む
②
合計 + 得点
→ 合計
③
ループ
合計を
表示する
おわり

解答

	入力データ		合計
	教科	得点	
①	—	—	0
②	国語	68	0
③	国語	68	68
②	数学	73	68
③	数学	73	141
②	社会	81	141
③	社会	81	222
②	理科	64	222
③	理科	64	286
②	英語	59	286
③	英語	59	345

問題 15-2 定期試験 5 教科の平均得点を計算するフローチャートにおいて，トレースを行いなさい。

▶問題6-2

入力データ

(教科)	(得点)
国語	68
数学	73
社会	81
理科	64
英語	59

実行結果

(平均)　69

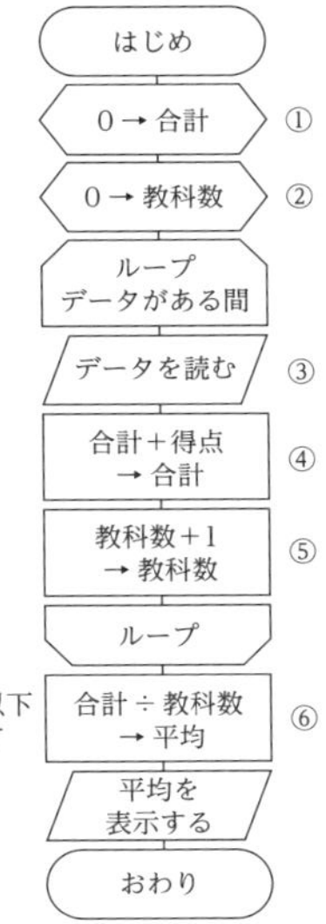

はじめ
0 → 合計
①
0 → 教科数
②
ループ
データがある間
データを読む
③
合計 + 得点
→ 合計
④
教科数 + 1
→ 教科数
⑤
ループ
合計 ÷ 教科数
→ 平均
⑥
平均を
表示する
おわり

※小数点以下切り捨て

解答

	入力データ		合計	教科数	平均
	教科	得点			
①	—	—	0	—	—
②	—	—	0	0	—
③	国語	68	0	0	—
④	国語	68	68	0	—
⑤	国語	68	68	1	—
③	数学	73	68	1	—
④	数学	73	141	1	—
⑤	数学	73	141	2	—
③	社会	81	141	2	—
④	社会	81	222	2	—
⑤	社会	81	222	3	—
③	理科	64	222	3	—
④	理科	64	286	3	—
⑤	理科	64	286	4	—
③	英語	59	286	4	—
④	英語	59	345	4	—
⑤	英語	59	345	5	—
⑥	英語	59	345	5	69

16 最大値・最小値のトレース

問題 16-1 次の５人の身長データのうち，最も高い人の氏名と身長を求めるフローチャートにおいて，トレースを行いなさい。ただし，同じ身長の場合は先の人を優先する。 ▶問題8-1

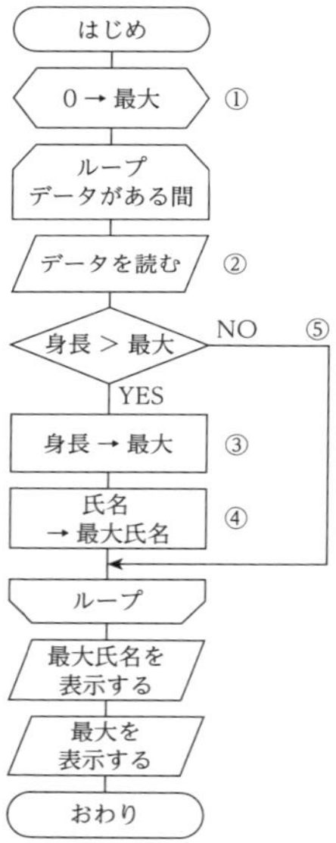

はじめ
0 → 最大 ①
ループ
データがある間
データを読む ②
身長 > 最大
NO ⑤
YES
身長 → 最大 ③
氏名
→ 最大氏名 ④
ループ
最大氏名を
表示する
最大を
表示する
おわり

入力データ

（氏名）	（身長）
小椋大輔	159
林基生	158
齊藤亘佑	167
長岡拓郎	162
棚瀬海都	167

実行結果

（最大氏名）　齊藤亘佑
（最大）　167

解答

	入力データ 氏名	入力データ 身長	最大	最大氏名
①	—	—	0	—
②	小椋	159	0	—
③	小椋	159	159	—
④	小椋	159	159	小椋
②	林	158	159	小椋
⑤	林	158	159	小椋
②	齊藤	167	159	小椋
③	齊藤	167	167	小椋
④	齊藤	167	167	齊藤
②	長岡	162	167	齊藤
⑤	長岡	162	167	齊藤
②	棚瀬	167	167	齊藤
⑤	棚瀬	167	167	齊藤

※氏名および最大氏名は，名字だけでよい

問題 16-2 次の５人の身長データのうち，最も高い人の氏名と身長を求めるフローチャートにおいて，トレースを行いなさい。ただし，同じ身長の場合は後の人を優先する。 ▶問題8-2

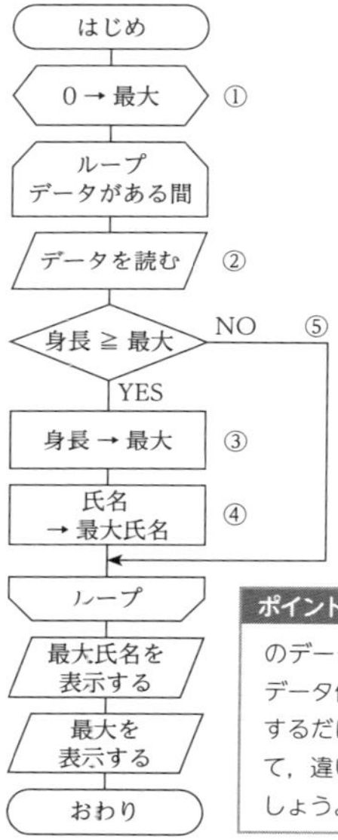

はじめ
0 → 最大 ①
ループ
データがある間
データを読む ②
身長 ≧ 最大
NO ⑤
YES
身長 → 最大 ③
氏名
→ 最大氏名 ④
ループ
最大氏名を
表示する
最大を
表示する
おわり

入力データ

（氏名）	（身長）
小椋大輔	159
林基生	158
齊藤亘佑	167
長岡拓郎	162
棚瀬海都	167

実行結果

（最大氏名）　棚瀬海都
（最大）　167

ポイント！ 問題16-1は先のデータ優先，16-2は後のデータ優先です。トレースするだけでなく，結果を見て，違いを認識しておきましょう。

解答

	入力データ 氏名	入力データ 身長	最大	最大氏名
①	—	—	0	—
②	小椋	159	0	—
③	小椋	159	159	—
④	小椋	159	159	小椋
②	林	158	159	小椋
⑤	林	158	159	小椋
②	齊藤	167	159	小椋
③	齊藤	167	167	小椋
④	齊藤	167	167	齊藤
②	長岡	162	167	齊藤
⑤	長岡	162	167	齊藤
②	棚瀬	167	167	齊藤
③	棚瀬	167	167	齊藤
④	棚瀬	167	167	棚瀬

※氏名および最大氏名は，名字だけでよい

問題 16-3 次の５人の50m走データのうち，最も速い人の氏名と記録を求めるフローチャートにおいて，トレースを行いなさい。ただし，同じ記録の場合は先の人を優先する。 ▶問題9-1

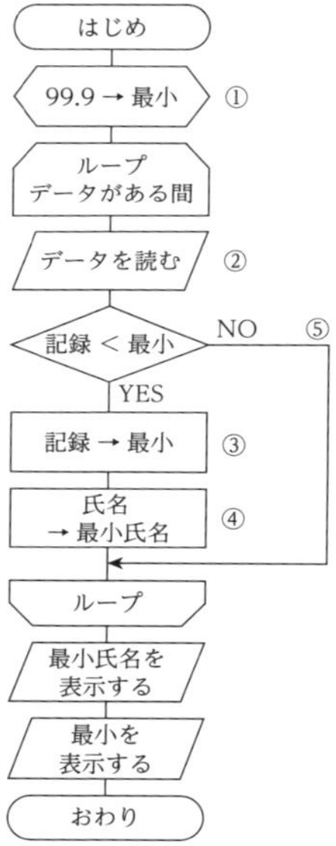

はじめ
99.9 → 最小 ①
ループ
データがある間
データを読む ②
記録 < 最小
NO ⑤
YES
記録 → 最小 ③
氏名
→ 最小氏名 ④
ループ
最小氏名を
表示する
最小を
表示する
おわり

入力データ

（氏名）	（記録）
小椋大輔	7.8
林基生	6.8
齊藤亘佑	7.6
長岡拓郎	7.4
棚瀬海都	6.8

実行結果

（最小氏名）　林基生
（最小）　6.8

解答

	入力データ 氏名	入力データ 記録	最小	最小氏名
①	—	—	99.9	—
②	小椋	7.8	99.9	—
③	小椋	7.8	7.8	—
④	小椋	7.8	7.8	小椋
②	林	6.8	7.8	小椋
③	林	6.8	6.8	小椋
④	林	6.8	6.8	林
②	齊藤	7.6	6.8	林
⑤	齊藤	7.6	6.8	林
②	長岡	7.4	6.8	林
⑤	長岡	7.4	6.8	林
②	棚瀬	6.8	6.8	林
⑤	棚瀬	6.8	6.8	林

※氏名および最小氏名は，名字だけでよい

問題 16-4 次の５人の50m走データのうち，最も速い人の氏名と記録を求めるフローチャートにおいて，トレースを行いなさい。ただし，同じ記録の場合は後の人を優先する。 ▶問題9-2

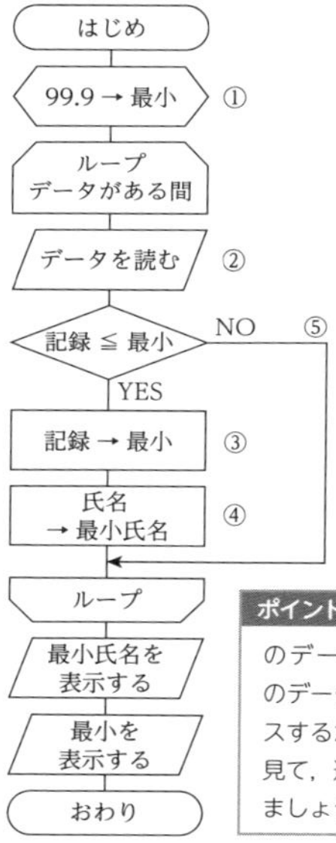

はじめ
99.9 → 最小 ①
ループ
データがある間
データを読む ②
記録 ≦ 最小
NO ⑤
YES
記録 → 最小 ③
氏名
→ 最小氏名 ④
ループ
最小氏名を
表示する
最小を
表示する
おわり

入力データ

（氏名）	（記録）
小椋大輔	7.8
林基生	6.8
齊藤亘佑	7.6
長岡拓郎	7.4
棚瀬海都	6.8

実行結果

（最小氏名）　棚瀬海都
（最小）　6.8

ポイント！ 問題16-3は先のデータ優先，16-4は後のデータ優先です。トレースするだけでなく，結果を見て，違いを認識しておきましょう。

解答

	入力データ 氏名	入力データ 記録	最小	最小氏名
①	—	—	99.9	—
②	小椋	7.8	99.9	—
③	小椋	7.8	7.8	—
④	小椋	7.8	7.8	小椋
②	林	6.8	7.8	小椋
③	林	6.8	6.8	小椋
④	林	6.8	6.8	林
②	齊藤	7.6	6.8	林
⑤	齊藤	7.6	6.8	林
②	長岡	7.4	6.8	林
⑤	長岡	7.4	6.8	林
②	棚瀬	6.8	6.8	林
③	棚瀬	6.8	6.8	林
④	棚瀬	6.8	6.8	棚瀬

※氏名および最小氏名は，名字だけでよい

17 配列・線形探索のトレース1

問題 17-1 各組の男女人数から組ごとの人数を計算して，配列 集計に保存した後，表示するフローチャートにおいて，ループ１までのトレースを行いなさい。

▶例題10

入力データ

(組)	(男子)	(女子)
1組	13	24
2組	13	24
3組	12	24
4組	9	29
5組	8	30
6組	13	22
7組	13	23

実行結果

(1組人数)	37
(2組人数)	37
(3組人数)	36
(4組人数)	38
(5組人数)	38
(6組人数)	35
(7組人数)	36

集計

(0)	(1)	(2)	(3)	(4)	(5)	(6)	(7)

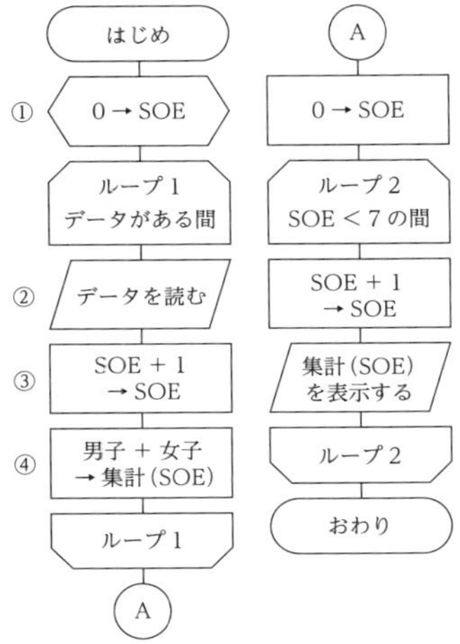

はじめ
①
0 → SOE
ループ１
データがある間
②
データを読む
③
SOE + 1
→ SOE
④
男子 + 女子
→ 集計 (SOE)
ループ１
A
A
0 → SOE
ループ２
SOE < 7 の間
SOE + 1
→ SOE
集計 (SOE)
を表示する
ループ２
おわり

解答

	入力データ			SOE	集計							
	組	男子	女子		(0)	(1)	(2)	(3)	(4)	(5)	(6)	(7)
①	—	—	—	0	—	—	—	—	—	—	—	—
②	1組	13	24	0	—	—	—	—	—	—	—	—
③	1組	13	24	1	—	—	—	—	—	—	—	—
④	1組	13	24	1	—	37	—	—	—	—	—	—
②	2組	13	24	1	—	37	—	—	—	—	—	—
③	2組	13	24	2	—	37	—	—	—	—	—	—
④	2組	13	24	2	—	37	37	—	—	—	—	—
②	3組	12	24	2	—	37	37	—	—	—	—	—
③	3組	12	24	3	—	37	37	—	—	—	—	—
④	3組	12	24	3	—	37	37	36	—	—	—	—
②	4組	9	29	3	—	37	37	36	—	—	—	—
③	4組	9	29	4	—	37	37	36	—	—	—	—
④	4組	9	29	4	—	37	37	36	38	—	—	—
②	5組	8	30	4	—	37	37	36	38	—	—	—
③	5組	8	30	5	—	37	37	36	38	—	—	—
④	5組	8	30	5	—	37	37	36	38	38	—	—
②	6組	13	22	5	—	37	37	36	38	38	—	—
③	6組	13	22	6	—	37	37	36	38	38	—	—
④	6組	13	22	6	—	37	37	36	38	38	35	—
②	7組	13	23	6	—	37	37	36	38	38	35	—
③	7組	13	23	7	—	37	37	36	38	38	35	—
④	7組	13	23	7	—	37	37	36	38	38	35	36

問題 17-2 背番号をもとに選手名を探索して表示するフローチャートにおいて，トレースを行いなさい。

▶例題11

入力データ

(背番号)
24
17
34

実行結果

(背番号)	(選手名)
24	大西
17	松田
34	山中

番号

(0)	(1)	(2)	(3)	(4)
14	17	24	25	34

選手名

(0)	(1)	(2)	(3)	(4)
秋月	松田	大西	江尻	山中

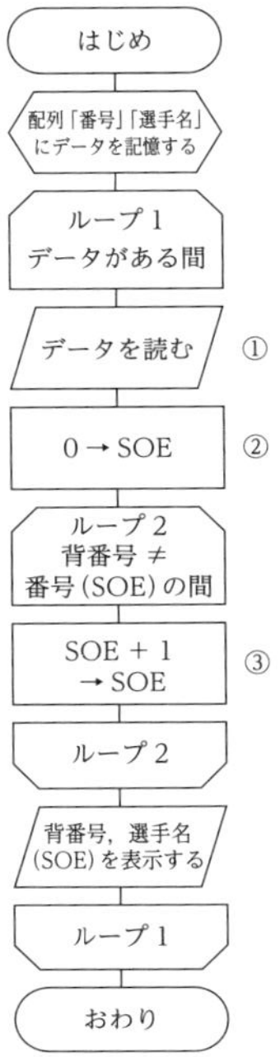

はじめ
配列「番号」「選手名」
にデータを記憶する
ループ１
データがある間
データを読む
①
0 → SOE
②
ループ２
背番号 ≠
番号 (SOE) の間
SOE + 1
→ SOE
③
ループ２
背番号，選手名
(SOE) を表示する
ループ１
おわり

ポイント！ トレース表には，決まった作成方法はありません。自分でわかりやすいように作っても良いです。本書では，前の例題や問題で扱ったフローチャートをそのままトレースの問題として出題しています。例えば，単元10や11が理解できなかった場合，学習の順序を変更して単元17を先に演習するのも手です。

解答

	入力データ	SOE	番号 (SOE)	選手名 (SOE)
	背番号			
①	24	—	—	—
②	24	0	14	秋月
③	24	1	17	松田
③	24	2	24	大西
①	17	2	24	大西
②	17	0	14	秋月
③	17	1	17	松田
①	34	1	17	松田
②	34	0	14	秋月
③	34	1	17	松田
③	34	2	24	大西
③	34	3	25	江尻
③	34	4	34	山中

18 配列・線形探索のトレース2

問題 18-1 学校購買部の売上データの商品番号をもとに商品名と単価を探索して表示し，合計を求めるフローチャートにおいて，トレースを行いなさい。

▶問題11-2

入力データ

(売上番号)	(商品番号)
1	S1
2	D1
3	F2

実行結果

(商品名)	(単価)
筆記具	120
緑茶	90
パン	110
(合計)	320

	(0)	(1)	(2)	(3)	(4)
コード	D1	D2	F1	F2	S1
商品名	緑茶	ジュース	おにぎり	パン	筆記具
単価	90	100	80	110	120

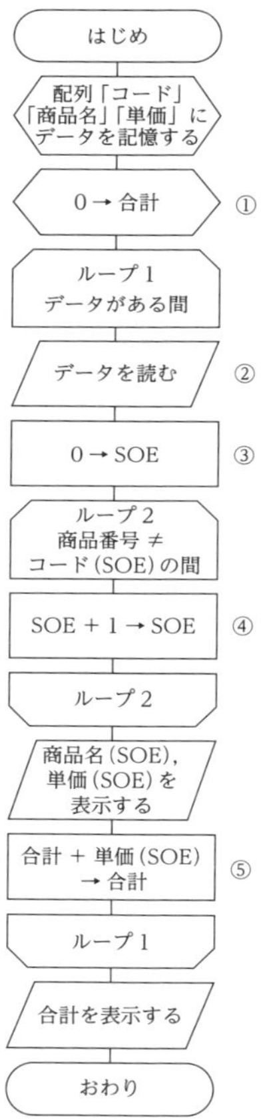

はじめ
配列「コード」「商品名」「単価」にデータを記憶する
0 → 合計 ①
ループ1 データがある間
データを読む ②
0 → SOE ③
ループ2 商品番号 ≠ コード(SOE)の間
SOE + 1 → SOE ④
ループ2
商品名(SOE)，単価(SOE)を表示する
合計 + 単価(SOE) → 合計 ⑤
ループ1
合計を表示する
おわり

解答

	入力データ		SOE	コード(SOE)	合計
	売上番号	商品番号			
①	—	—	—	—	0
②	1	S1	—	—	0
③	1	S1	0	D1	0
④	1	S1	1	D2	0
④	1	S1	2	F1	0
④	1	S1	3	F2	0
④	1	S1	4	S1	0
⑤	1	S1	4	S1	120
②	2	D1	4	S1	120
③	2	D1	0	D1	120
⑤	2	D1	0	D1	210
②	3	F2	0	D1	210
③	3	F2	0	D1	210
④	3	F2	1	D2	210
④	3	F2	2	F1	210
④	3	F2	3	F2	210
⑤	3	F2	3	F2	320

問題 18-2 試験の得点をもとに評価ランクを探索して表示するフローチャートにおいて，トレースを行いなさい。

▶問題11-3

入力データ

(受験番号)	(得点)
1	73
2	89
3	27
4	96
5	48

実行結果

(得点)	(ランク)
73	C
89	B
27	E
96	A
48	D

	(0)	(1)	(2)	(3)	(4)
点数	29	59	79	89	100
ランク	E	D	C	B	A

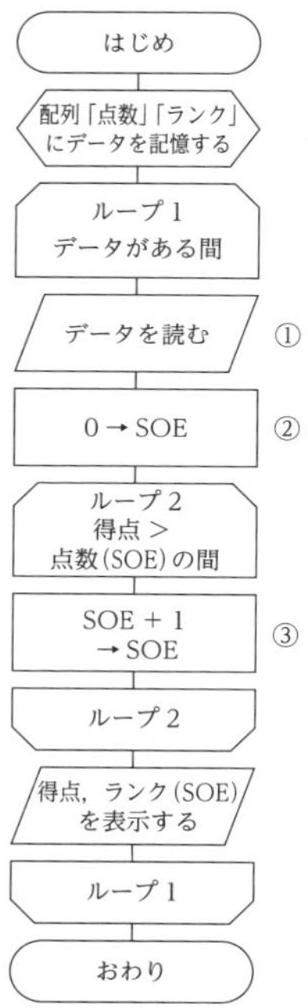

はじめ
配列「点数」「ランク」にデータを記憶する
ループ1 データがある間
データを読む ①
0 → SOE ②
ループ2 得点 > 点数(SOE)の間
SOE + 1 → SOE ③
ループ2
得点，ランク(SOE)を表示する
ループ1
おわり

解答

	入力データ		SOE	点数(SOE)
	受験番号	得点		
①	1	73	—	—
②	1	73	0	29
③	1	73	1	59
③	1	73	2	79
①	2	89	2	79
②	2	89	0	29
③	2	89	1	59
③	2	89	2	79
③	2	89	3	89
①	3	27	3	89
②	3	27	0	29
①	4	96	0	29
②	4	96	0	29
③	4	96	1	59
③	4	96	2	79
③	4	96	3	89
③	4	96	4	100
①	5	48	4	100
②	5	48	0	29
③	5	48	1	59